四川大学研究生培养教育创新改革项目资助

社会心理测量
理论与案例

徐文健 / 编著 /

四川大学出版社
SICHUAN UNIVERSITY PRESS

图书在版编目（CIP）数据

社会心理测量理论与案例 / 徐文健编著. — 成都：
四川大学出版社，2023.10
ISBN 978-7-5690-6349-3

Ⅰ. ①社… Ⅱ. ①徐… Ⅲ. ①社会心理－心理测量学
Ⅳ. ①C912.6

中国国家版本馆 CIP 数据核字（2023）第 178126 号

书　　名：社会心理测量理论与案例
　　　　　Shehui Xinli Celiang Lilun yu Anli
编　　著：徐文健

选题策划：唐　飞
责任编辑：唐　飞
责任校对：王　锋
装帧设计：墨创文化
责任印制：王　炜

出版发行：四川大学出版社有限责任公司
　　　　　地址：成都市一环路南一段 24 号（610065）
　　　　　电话：（028）85408311（发行部）、85400276（总编室）
　　　　　电子邮箱：scupress@vip.163.com
　　　　　网址：https://press.scu.edu.cn
印前制作：四川胜翔数码印务设计有限公司
印刷装订：四川五洲彩印有限责任公司

成品尺寸：170mm×240mm
印　　张：11
字　　数：207 千字

版　　次：2023 年 11 月 第 1 版
印　　次：2023 年 11 月 第 1 次印刷
定　　价：60.00 元

扫码获取数字资源

本社图书如有印装质量问题，请联系发行部调换

四川大学出版社
微信公众号

前　言

社会心理学是研究人类在社会环境中的行为、态度、心理过程和文化影响的一门学科。改革开放以来，我国社会心理学的建设与发展愈发受到重视：一方面，我国的经济发展与社会进步为社会心理学研究提供了沃土；另一方面，转型期间的种种社会现象、社会问题对社会心理学教育及研究工作提出了新的要求。《中华人民共和国国民经济和社会发展第十四个五年规划和2035年远景目标纲要》明确提出了加强心理健康教育和服务、健全社会心理服务体系和危机干预机制等目标任务。

心理测量是通过科学、客观、标准的测量手段对人的特定素质进行测量、分析、评价的过程。社会心理测量工作对心理学相关领域探索乃至我国政策制定与行政规划都极具重要意义。而测量工具的质量直接影响社会心理学相关研究的可信可靠程度，故在当前形势下，总结社会心理测量可靠工具，为心理测量工作及社会心理学相关研究提供客观依据显得尤为重要。

本书旨在为读者提供系统而全面的社会心理测量量表资料，增进其对常用社会心理测量方法和工具的掌握，使其能根据具体研究需求采用适合的研究工具，从而提高相关研究实践的科学性、有效性。

从理论基础出发，辅以翔实的案例信息，此为本书的突出特点。本书基于智力、人格、心理健康、社会心理4个方面，详细介绍了斯坦福－比奈智力量表、大五人格量表、90项症状自评量表、社会支持量表等11项社会心理学研究常用测量工具。全书共分为四章，涵盖个体能力（即智力）、人格以及社会中的个体的心理健康与社会心理。第一章智力将介绍斯坦福－比奈量表、韦克斯勒智力量表；第二章人格将介绍成人依恋量表、大五人格量表、卡特尔16种人格因素问卷；第三章心理健康将介绍90项症状自评量表、贝克抑郁量表、凯斯勒心理困扰量表和网络成瘾相关量表；第四章社会心理将介绍社会支持量表、社会适应能力量表。关于每一种量表，书中都介绍了相关概念、理论，梳理了各量表的编制过程、发展历程及应用现状。除量表结构模型、项目、信度和效度等信息外，本书重点介绍了各量表的中国化历程和应用实例，以期增进我国研究者对量表适用性的了解，提高研究的科学性。此外，本书还就各量表的现有不足与研究展望进行了探讨，以期为未来我国社会心理测量研究提供有效参考。

本书既适用于社会心理学、社会工作专业学生的学习和研究，也适用于社会心理学研究者、心理咨询师、心理医生和教育工作者等各个领域的实践者。在本书的编写过程中，我们充分考虑了读者需求，在保持内容严谨、科学的同时力求行文简洁、通俗易懂，并提供大量研究案例以供参考。

本书的编写参考了心理学界诸位前辈学者及当代同仁已发表的文献，同时也得到了四川大学社会学与心理学系研究生团队的协助，包括何敏、敬凡珂、雷玥、李柳欣、李诗怡、廖晨阳、刘雨晴、莫耶高迪、田雨霏、王亚梅、韦梦媛、吴巧玲、许辉、徐婷、薛爽、杨璟、杨羽、袁晓萌、张慧敏、张孔山、张腾丹等，在此一并表示衷心感谢。特别感谢四川大学研究生培养教育创新改革项目和社会工作国家级一流本科专业经费建设资助。

我们希望以本书为媒，为广大同仁开展社会心理学实证研究略添助力，一起为我国社会心理学发展及心理健康研究工作做出更大的贡献。因书中所涉社会心理学研究领域众多，限于编者水平，疏漏及不当之处在所难免，恳请专家、读者批评指正。

编　者
2023 年 5 月

目　录

第一章　智　力

第一节　斯坦福－比奈智力量表

斯坦福－比奈智力量表（Stanford－Binet Intelligence Scale，以下简称斯－比量表）是由美国斯坦福大学的推孟教授（L. M. Terman）在比奈－西蒙智力量表（以下简称比－西量表）基础上主持修订的智力测试量表，对于智力测试的发展和应用具有理论及实践意义。本节将回顾斯－比量表演变及其在国内外的发展历程和研究现状，结合相关理论模型简要分析斯－比量表的结构及信效度，并以《中国比奈测验》为例为国内学者提供施测建议。同时，结合斯－比量表目前的优势和不足，提出修订意见。总的来说，斯－比量表具有较好的信度及效度，是智力测试的有力工具，但在国内的研究及运用远不及国外，未来还有较大的研究空间。

一、引　言

智力的本质是什么？不同个体的智力水平有何差异？天才为什么非常"聪明"？为了回答这一系列问题，我们首先要了解智力的定义。由于智力属性、研究角度、智力发展、人源差异等原因，不同时期的研究者对智力的看法不一（林崇德等，2004）。比奈是最早从事心理测验研究且负有盛名的心理学家之一，他认为智力是一种基本能力，主要包括判断力、感知力、实践能力、创造力和环境适应能力（Binet & Simo，1916，1973）。斯皮尔曼的智力二因素论认为"智力是推断出事物之间关系的能力"（Spearman，1904）。推孟认为"智力是以抽象概念进行思考的能力"（Terman，1921）。韦克斯勒认为"智力是个体有目的的行动、理性思考和有效适应环境的聚合或综合能力"（Wechsler，1944）。加德纳认为"智力是解决问题或创造产品的能力"

（Gardener，1983）。斯滕伯格等认为"智力是人们在其所处社会文化环境中实现人生目标所需要的技能"（Sternberg，et al.，2003）。由 52 名心理学研究者组成的学术团队一致认为"智力（Intelligence）是一种非常一般的心理能力，其中包含推理、计划、问题解决、抽象思维、理解复杂思想、快速学习以及从经验中学习等能力"（Gottfredfon，1997）。然而，目前对智力的定义尚未得出统一结论。

那么智力是否可以客观测量呢？如何衡量个体间智力水平的差异？虽然不同学者对智力的定义不同，但都认为智力是一种复杂的心理能力，和其他心理特质一样可以体现在个体的外部行为中，并影响着个体的外部行为。因此，智力也可以通过观测相关的行为差异进行测量。1905 年，法国心理学家比奈和医生西蒙受智力 G 因素论的影响，合作制定了世界上第一份可实施的智力测量量表。从此该智力测量模式便作为智力测验的传统模式而存在（Sattler，2008）。比－西量表在出版后曾引起多个国家心理学家的注意，并得到广泛研究和采用。其中，以美国斯坦福大学推孟教授的修订版本最负盛名。推孟对比－西量表进行了反复的修订，在 1916 年出版了第一版的斯－比量表（Terman，1916）。此后，推孟和桑代克（E. L. Thorndike）、洛伊德等相继修订出版了第 2~5 版斯－比量表。通过不断的修订，斯－比量表的测量内容不断完善，测量对象的范围不断扩大，测量的信效度水平也逐步提高。斯－比量表的测量指标不仅创新性地引入了比率智商的概念，并逐步向离差智商的概念转变。因此，斯－比量表进一步推动了智力测验的发展和应用，对于智力测验的研究具有创造性价值，对于儿童和青少年的智力发展、神经精神疾病的诊断及治疗、社会人才培养和人才鉴定等方面具有非常重要的应用价值。然而，在斯－比量表智力测验的产生和长期应用过程中也存在多种问题，主要包括量表的结构效度、测验的功能、公平性和预测效度等问题，这也是未来智力测量基础研究和实践研究中亟须解决的问题。

本节将回顾斯－比量表的国内外发展历程，简要介绍斯－比量表的测量内容及结构，分析斯－比量表的信效度和国内外研究现状，并结合斯－比量表目前的优势和不足，尝试为国内学者提供可参考的施测及修订建议。

二、斯坦福－比奈智力量表的发展历程

（一）斯坦福－比奈智力量表的起源

对智力的客观测量最早可以追溯至 19 世纪中期，英国心理学家高尔顿第一次提出了有关智力测量的重要思想，并开创了以实验方法客观测量智力的先

河。早期的智力研究均沿用了这一方法，认为对简单的感知觉辨识测验的反应时结果可以评估个体智力的差异（戴海琦，张峰，陈雪枫，2011）。直到1904年斯皮尔曼提出了智力二因素理论——将一系列心理能力测验之间普遍的正相关归因于 G 因素（核心因素：经验的领会、关系推理和相关推理）和 S 因素（特殊因素）的作用（Spearman，1904），智力测验开始由实验法转向以量表测量为主的方式。

斯－比量表的前身是比－西量表。1905年，法国心理学家比奈为了回应对当时法国公共教育部长的建议——针对发育迟滞的儿童采用更有效的教育方法，和他的同事西蒙一致认为有必要测量儿童智力方面的差异，因此，二人共同编制了世界上第一份客观的智力测量量表——比－西量表，用以区分智力发育迟滞儿童和正常学龄儿童，减少学校对主观甚至偏见的教师评价的依赖（Sattler，2008）。

比－西量表共有30个测验项目，测量了智力在记忆、语言、理解、手工操作等方面的表现，以通过项目的数量作为智力区分的标准。1908年，比－西量表进行了首次修订，题目数量增加到59个，测验项目按年龄分组（3~13岁，每岁一组），并首次启用了智力年龄的概念。1911年，比－西量表做了最后一次修订，改变了一些项目的内容和顺序，并增设了一个成人组（戴海琦，张峰，陈雪枫，2011）。

比－西量表的成功开发对美国产生了很大影响。美国特殊的历史背景和社会、政治因素，使美国的学者对智力的测量产生了浓厚的兴趣。20世纪初，美国处于相对混乱的状态。经济、文化和政治全球化使大批移民涌入美国。新的教育法使学校挤满学生。这时，就需要有一些测量形式来识别、记录和区分移民进来的成人和学龄儿童。比－西量表的出现正好适应了这样的社会背景及需求，经过翻译、修订被逐步引入美国。第一次世界大战的爆发更加快了智力测量的发展。当时数百万名志愿者被征募，招募人员需要知道哪些人有能力学得更快，可以从特殊的领导力训练中获益更多。一组优秀的心理学家推孟、桑代克和耶基斯（R. Yerkes）等在战时的紧急状态下仅用一个月的时间设计了一批测验，用以对志愿者的能力进行区分。后续在此基础上进一步开发了应用范围更广的测量程序，即斯－比量表（程灶火等，2013）。

（二）斯坦福－比奈智力量表的发展：国外的研究进展

比－西量表发表以后，1908年，戈达德（H. Goddard）第一个将其介绍到美国。此后，又有一些人对它进行了修订，其中美国斯坦福大学推孟教授的工作最负盛名（戴海琦，张峰，陈雪枫，2011）。如表1－1所示，斯－比量表经历了多次修订。

表 1-1　斯-比量表的主要演变过程

版本	修订人	施测对象	结果指标	主要修订内容
第一版 (1916 年)	Terman	3~13 岁	智龄；比率智商	比-内量表的修订 附有普通成人和优秀成人两组测验题 引入比率智商
第二版 (1937 年)	Terman & Merrill	1.5~18 岁	智龄；比率智商	L 型和 M 型两个等值量表 代表性的样本范围更大
第三版 (1960 年)	Terman & Merrill	2 岁及以上的儿童和成人	离差智商	LM 型单一量表 引入离差智商
第四版 (1986 年)	Thorndike, Hagen & Sattler	2 岁及以上的儿童和成人	标准年龄分	基于三层次智力结构理论 分测验、多阶段测试 使用年龄标准分
第五版 (2003 年)	Roid	2~85 岁	标准年龄分	智商分数和指标分数的标准差改为 15

1. 1916 年量表

第一版斯-比量表是比-西量表的修订版。该量表共有 90 个题目，其中 51 个为比-西量表原有的题目，39 个为新增的题目。该量表被试的年龄范围为 3~13 岁，并附有普通成人和优秀成人两组测验题。该量表最重要的改变是首次引入比率智商的概念，开始以 IQ 作为个体智力水平的指标。同时，该量表对每个项目施测规定了详细的指导语和记分标准来使测验标准化。

2. 1937 年量表

第二版斯-比量表。修订后的斯-比量表由 L 型和 M 型两个等值量表构成。该量表被试的年龄范围扩展到 1.5~18 岁，并在修订时选取了范围更大的代表性的样本，以获得其信度、效度资料。该量表的不足之处是样本局限于白人，且偏重于社会经济地位较高家庭的儿童，所以未能全面反映美国当时的人口状况。

3. 1960 年量表

第三版斯-比量表。虽然 1956 年推孟教授去世，但是其生前所规划的第三次修订工作仍于 1960 年如期完成（石德盆，杨孟萍，1992）。该量表是汇集 1937 年量表的 L 型和 M 型中最佳项目而成的 LM 型单一量表，2 岁及以上的儿童和成人均适用，共有 142 个题目，划分为 20 个年龄组。该量表的重大改变在于舍弃了比率智商，而引入了离差智商的概念，即以平均数为100、标准差为16的离差智商作智力评估指标。

4.1972年量表

该量表保持1960年量表的测验内容不变，但所选常模团体包括美国各地区、各社会阶层、各民族的2100名儿童，取样代表性获得了一定程度的提高。

5.1986年量表

第四版斯－比量表（S－B$_4$）是1986年由桑代克、黑根、沙特勒等进行修订的版本。桑代克认为S－B$_4$测试内容为第三版的延续，但组织结构在实质上有了很大的革新。首先，S－B$_4$是基于与前几版不同的智力三层次结构模型而修订的。其次，S－B$_4$使用了新测验形式，即分测验及适应性测试，既提升了测验的可靠性，又大大提高了测验的效率。其次，S－B$_4$的修订还采用了新的常模形式，它由5000余名2~23岁的个体组成，严格按照1980年美国人口普查中地理位置、社区大小、种族、性别的比例进行分层而得到。最后，进一步优化了离差智商的概念。S－B$_4$的分数形式共有四种：分测验的原始分、各分测验的标准年龄分（平均分50，标准差8）、各因素（区域）标准年龄分和总标准年龄分（平均分100，标准差16）（石德盆，杨孟萍，1992）。因此，S－B$_4$较前几版具有很大的革新，是目前被国内外研究最多的一个版本。

6.2003年量表

第五版斯－比量表（S－B$_5$）由心理学家罗伊德主持修订，被试的年龄范围为2~85岁。S－B$_5$保留了S－B$_4$的一些特征，例如，继续使用例行测验来估计被试能力，以便选择最适合被试的项目进入水平。同时，S－B$_5$也有一些不同于S－B$_4$之处：S－B$_5$有两个例行测验（矩阵和词汇），而S－B$_4$只有一个例行测验（词汇）；S－B$_5$智商分数和指标分数的平均数为100，标准差不再是16而是15；S－B$_5$与S－B$_4$的分测验及所用的材料有些不同，比如S－B$_5$采用了以前一些版本中用到过但被S－B$_4$抛弃的玩具。

（三）斯坦福－比奈智力量表在国内的发展

与国外有关斯－比量表研究的活跃程度相比较，国内对该量表的研究状况可谓进展缓慢。我国心理学工作者陆志韦最早对斯－比量表的第一版进行修订并发表了《中国比奈西蒙智力测验》，但仅适合江浙地区的儿童使用。1936年，陆志韦、吴天敏对测验进行了再次修订，将使用范围扩大到北方地区，全量表共75道测题，适用于3~18岁的被试（金瑜，2001）。此后，吴天敏在1979至1982年间组织了对陆志韦1924年所发表的《中国比奈西蒙智力测验》

的第三次修订工作，出版了《中国比奈测验》。其对 1924 年版作了较大的改动，删除和修改了部分测题，增加了一些新测题，将题量定为 51 题。测题依难度排列，基本上为每岁三道题，被试的年龄范围扩大到 2~18 岁，在计分时放弃了比率智商和智龄，而采用离差智商。2005 年，温暖等对第四版斯-比量表（S-B₄）进行了试用研究，主要针对上海 2~17 岁的儿童进行，经过翻译、修订发现该量表在中国的应用中具有较好的信度和效度，但由于版权局限等原因，目前尚未出版适用于中国的 S-B₄。

从国内对斯-比量表的研究历史可以看到，我国心理学研究者对斯-比量表第一版就进行了修订，并发表了修订后的中文版测验，研究起步还是相当早的。但是受社会历史条件和学科自身发展的局限，随后的研究进展很不乐观，目前已出版的适用于国内的斯-比量表还一直停留在最旧版的修订基础上。《中国比奈测验》出版时，国外的斯-比量表已经修订了三版，并且有更大理论改进如智力理论框架、适应性测验等的第四版也正在修订并于不久后的 1986 年出版。显然，国内对该量表的介绍和研究已经过时且落后很多了。

三、斯坦福-比奈智力量表的理论模型

斯-比量表的前身为比-西量表，该量表是主要基于斯皮尔曼的智力 G 因素论提出的，第四版依据卡特尔-霍恩-卡罗尔（Cattell-Horn-Carroll，CHC）的模型理论进行了较大幅度的修订。

（一）斯皮尔曼智力 G 因素论

英国心理学家斯皮尔曼（Sperman，1904）发现系列心理能力测验之间存在普遍的正相关，他利用因素分析方法，将这些相关归因于一种一般因素或共同因素的作用。他称这种因素为 G 因素，并从三个方面对它做出定义：经验的领会、关系推断和相关推理。他认为 G 因素对于同一个体是稳定的，它渗透于所有与智力行为有关的任务之中，是一切心智活动的主体，个体间智力的差异就取决于个体拥有的 G 因素的多寡。

后来，由于测验间并非完全相关，因此出于统计上相关分析的需要，斯皮尔曼又提出还存在特殊因素（S 因素），并由此构成他的智力二因素理论。但他始终强调 G 因素是智力的核心，而 S 因素只有在某些特殊情况下（特殊工作或特殊活动）才会表现出来，因而只具有偶然意义（戴海琦，张峰，陈雪枫，2011）。

（二）CHC 模型理论

CHC 模型是一种心理测量学理论，是卡特尔－霍恩理论与卡罗尔理论的有机结合，是数十年成千上万实证研究成果的结晶。归根结底，CHC 起源于瑟斯通（1938）首创的主要能力理论，正如霍恩等人所言，"很大程度上，所有现代层次理论都起源于该理论"（Horn & Noll，1997）。

CHC 模型理论关注 10 种主要能力，包括短期记忆、加工速度、听觉加工、视觉加工、数量思维、读写能力以及决策/反应速度等。依据卡罗尔的能力三层次模型，将能力分为一般能力、主要能力和具体能力，每种主要能力均可细分为几种特殊的具体能力，共包括 70 种具体能力。例如，主要能力晶体能力共包括语言发展、语义知识和文化知识等 11 种具体能力，每种能力代表一个层面的晶体智力，综合起来代表晶体能力的深度和广度。

第四版斯－比量表根据以上两种理论提供了一个新的智力层次模型（Thorndike，et al.，1986）："这个模型的最高水平为一般推理因素（G），第二水平包含晶体能力、流体－分析能力和短时记忆能力 3 个主要因素。第三层包含言语推理、数量推理和抽象/视觉推理 3 个特殊因素。"最高水平上是一般推理因素（G）是智力的核心因素。S－B₄ 的测验结构正是基于上述理论模型建立的，通过对于 3 个水平下属的 15 分测验对被试进行全方位的考察。

四、斯坦福－比奈智力量表结构及信效度

（一）斯坦福－比奈智力量表的结构

鉴于 S－B₄ 较前几版具有很大的革新，是目前被国内外研究得最多的一个版本，因此该部分的量表介绍主要围绕该量表展开。根据测验顺序，构成 S－B₄ 的 15 个分测验，依次为词汇、珠子记忆、数量、句子记忆、图形分析、理解、挑错、数字记忆、仿造与仿绘、物体记忆、矩阵、数列、剪纸与折纸、词语关系、等式构造（Thorndike，et al.，1986）。

位于第一层水平的一般能力因子被作者界定为"个体运用于解决新异问题的有机的适应性的策略，它包含认知集合和控制程序"。换言之，个体在面临他从没学习过的问题时将运用一般能力来寻求解决。晶体能力因子是第二层水平的 3 个因子之一。它代表获得和使用有关言语和数量概念的信息，以解决问题所必备的认知技能。这些能力很大程度上受学校教育的影响。除此之外，更多的学校外的一般经验也有益于它们的发展。由于言语和数学技能与学业成就高度正相关，所以晶体能力因子也可被称为学校或学术能力因子。第二层水平

的另一个因子是流体－分析能力因子。它代表解决形象的或其他非言语刺激的新异问题时所必备的认知技能。解决此类问题所需的知识基础更多的来源于一般经验而非学校教育。这个因子涉及在应对新异情境时创造新的认知策略或者灵活地重组已有的策略。第二层水平的最后一个因子是短时记忆能力。在斯－比量表中，记忆测验与总分总是存在正相关。现代认知研究中对信息加工的强调将短时记忆和认知操作的更复杂方面关联起来。根据这类研究，短时记忆主要有两个功能：①暂时保持新感知到的信息，直到它能够储存于长时记忆；②保存从长时记忆中提取出来的用于当前任务的信息。个体对短时记忆策略的选择和使用取决于储存的信息是什么，怎样储存，以及今后怎样从长时记忆中提取。短时记忆和长时记忆的关系、记忆及更复杂的学习和问题解决的关系证明将短时记忆包含在认知能力模型中是恰当的。

认知能力模型的第三层水平，作者确定了言语推理、数量推理和抽象/视觉推理 3 个因子。这些因子比第一、二层水平的因子更特殊、更依赖内容。作者在研究中可能确定出更多的因子，但上述这 3 个因子对临床医师和教育专家具有更特别的意义（温暖，2005）。

图 1-1 显示了 $S-B_4$ 理论模型和以理论模型为基础所建构的整个量表结构。

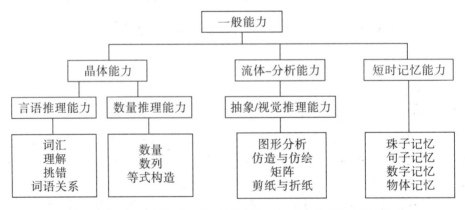

图 1-1 $S-B_4$ 理论模型和以理论模型为基础所建构的整个量表结构

（二）结果指标

斯－比量表从 1916 年发展至今，共使用过如下指标作为"智商"结果的表示（戴海琦，张峰，陈雪枫，2011）。

1. 智力年龄

智力年龄即智龄，是指用一类以某种特殊方法编制的智力量表报告出的、以"年龄"为形式的智力成绩。第一版和第二版的斯－比量表均用以计算比率智商。

2. 比率智商

比率智商即智力商数（IQ），是智力年龄（MA）与实足年龄（CA）的比率，用公式表示为：IQ＝（MA/CA）×100。第一版斯－比量表首次引入该指标，第二版延续使用。

3. 离差智商

离差智商是把测量分数按照正态分布曲线标准化，把原始分数转换为平均数为100、标准差为15的标准分数，用来描述个体的智力相较于与其年龄相仿的人群的平均成绩的偏离程度。该指标在第三版斯－比量表中首次使用，在第四版中被优化为标准年龄分。

可以看出，斯－比量表的发展就是其测验指标由智力年龄发展到比率智商再发展到离差智商，同时也说明该量表是在不断进步的。

（三）信度

1. 内在一致性系数

在国内关于斯－比量表的试用研究中（温暖，2005），作者计算了依据年龄分组的内在一致性系数，随后取各年龄组的内在一致性系数的中位数作为整个量表的信度。

该研究共招募了144名被试，随机选自上海市6所中小学。其中，男性87人，女性57人。试用样组大致可以分为2～6岁、7～11岁、12～14岁、15～17岁4个年龄段。其中，2～6岁的被试有23人，7～11岁的被试有51人，12～14岁的被试有43人，15～17岁的被试有27人。中间两个年龄段的被试人数较多，合起来共占被试总人数的65％左右，小年龄段和大年龄段的被试人数相对较少，分别略多于总人数的16％。

经过对144名被试的测试结果分析，多数分测验在各年龄组上的信度系数都达到中等水平，还有许多分测验的信度在某些年龄组上达到了较高水平。但也有一些较低的信度值出现，这是由该年龄组人数较少且年龄组内的几名被试的能力水平差异又比较大所造成的。分测验的信度来自各年龄组被试在各个分测验上的信度系数数据，取它们的中位数作为跨年龄组的各个分测验的信度值，计算得出各分测验的信度均不低。

《心理和教育评估手册：智力、天资和成就》第二版（Youngstrom，Glutiing & Watkins，2003）计算了15个S－B$_4$分测验的内在一致性信度，如表1-2所示，各个测验以中位数表示的内在一致性系数（克龙巴赫 α 系数，即

Cronbach's α 系数）在 0.73~0.92 之间。总的来说，国内和国外的研究均显示出 S—B₄具有较好的信度。

表1—2　15个 S—B₄分测验的 Cronbach's α 系数

项目		年龄（岁）	Cronbach's α 系数
晶体能力	词汇	2~23	0.87
	理解	2~23	0.89
	挑错	2~14	0.87
	词语关系	12~23	0.91
	数量	2~23	0.88
	数列	7~23	0.90
	等式构造	12~23	0.91
流体—分析能力	图形分析	2~23	0.92
	仿造与仿绘	2~13	0.87
	矩阵	7~23	0.90
	剪纸与折纸	12~23	0.94
短时记忆能力	珠子记忆	2~23	0.87
	句子记忆	2~23	0.89
	数字记忆	7~23	0.83
	物体记忆	7~23	0.73

2. 简版斯—比量表的信度

斯—比量表由于条目数量较大，对于部分年龄层的被试来说全测难度较大，所以在实际使用中常常在经过水平测试后使用简版对被试进行测试。缩略形式的信度同样需要探讨。国内对第四版的试用研究表明，量表的 3 种缩略形式分别为 6—分测验组合套（包括的分测验有词汇、珠子记忆、数量、句子记忆、图形分析和理解），4—分测验组合套（包括的分测验有词汇、珠子记忆、数量和图形分析）和 2—分测验组合套（包括的分测验有词汇和图形分析）。试用样组在词汇、珠子记忆、数量和图形分析分测验上的信度系数分别为 0.94、0.92、0.96 和 0.97。量表的此种缩略形式的信度系数为 0.99。这就验证了第四版作者所报告的缩略形式的信度证据。

3. 复本信度和重测信度

一般来说，斯—比量表对年龄大的被试比年龄小的被试信度高，对智商低的被试比智商高的被试信度高。计算其 L 型和 M 型量表的复本信度在 2.5～5.5 岁之间的为 0.83～0.91，在 6～13 岁之间的为 0.91～0.97，在 14～18 岁之间的为 0.95～0.98（下限信度值来自 IQ 为 140～149 的被试，上限信度值来自 IQ 为 60～69 的被试）。重测信度与复本信度的研究结果大体一致。

总的来看，斯－比量表是一个高信度的测验，各种年龄和 IQ 水平的信度系数大都在 0.90 以上，意味着在被试实得分数变异中，90% 以上来自真分数变异，而由随机误差引起的分数变异不足 10%。

（四）效度

斯－比量表的效度可从其内容效度、效标关联效度和结构效度证明（戴海琦，张峰，陈雪枫，2011）。

1. 内容效度

斯－比量表所包含的项目涉及的测试内容，如言语、类比推理、理解、记忆、空间关系、数字等在公认的智力范畴内。

2. 效标关联效度

智力测验与学业成就具有正向的相关关系的观点已经为广大专业人士认同。在斯－比量表的试用研究中，作者选取了由上海市华东师范大学第一附属中学经过多次成绩测试筛选出的成绩较好和成绩较差的学生的数据，即采用学业成绩作为效标，来验证斯－比量表第四版的效标关联效度。结果显示，成绩较好组的学生测试结果优于成绩较差组的学生。

3. 结构效度

斯－比量表的理论构想主要基于以下两方面：①智力随年龄而发展，其成长曲线特征为先快后慢；②智力结构中存在一般因素 G，它渗透于每一智力行为之中，是智力的核心。斯－比量表对于其理论构想的测量有效性已得到一定程度的证明：一方面，斯－比量表的信度研究显示出其稳定性程度随年龄而提高的趋势，从而表明智力随年龄而先快后慢发展的特点；另一方面，在 1960 年量表中，虽然每一项目涉及不同智力行为，但项目分析结果显示各项目分与测验总分的平均相关系数为 0.66，这表明各项目所测的特质同质性很高，因而正是支持其理论假设中贯穿于所有智力行为之中的智力 G 因素的存在。斯－比量表各信度和效度指标的理论意义解释见表 1-3。

表 1-3　斯-比量表各信度和效度指标的理论意义解释

指标类别		理论解释
信度	内在一致性系数	测验内部所有题目间的一致性程度
	复本信度	以两个等值但题目不同的测验（复本）来测量同一群体，然后求得被试者在两个测验上得分的相关系数
	重测信度	用同一个量表对同一组被试施测两次所得结果的一致性程度，其大小等于同一组被试在两次测验上所得分数的 Pearson 相关系数
效度	内容效度	项目对欲测的内容或行为范围取样的适当程度
	效标关联效度	考查测验分数与效标的关系（效标是衡量测验有效性的参照标准，是独立于测验之外，能够体现测验目的的标准）
	结构效度	测验实际测到所要测量的理论结构和特质的程度

五、斯坦福-比奈智力量表国内外研究现状

（一）基础研究

1. 国外

基础研究主要是围绕量表的开发、修订以及信效度验证所展开的，从近五年发表的文献来看已相对较少，表明目前斯-比量表的开发已较为成熟。下面以斯-比量表第一版的修订过程为例（Terman，1916）加以说明。1916 年，该量表由推孟带领研发。在量表的编制过程中，对比-西量表中的项目进行了一些保留、修改和删除，并在此基础上增设了 39 个新项目。同时，该量表增加了标准化样本的数量，但是标准化样本全部由加利福尼亚州本地的白人儿童组成，这虽然使标准化样本显著增加，但是代表性降低了，因为地理位置成为影响测试结果的因素。推孟第一次对智商进行了定义，并提出了智商的计算公式。

在此之后，随着斯-比量表在实际运用过程中的不断完善，其标准化样本的数量显著增加，被试数量增加，信效度也显著增加。现代斯-比量表的标准化样本由 47 个州及哥伦比亚地区的 5000 多名被试组成，样本根据地区、地区大小、种族和性别等标准分层取样。

较近的一项研究探索了第五版量表的正交高阶因子结构（Canivez，2008）。该研究利用 $S-B_5$ 技术手册中的 3 个儿童和青少年标准化样本的 10 个分测验相关矩阵来检验量表的分层因子结构（20 个分裂半的相关矩阵没有发表在 $S-B_5$ 技术手册中）。参与者包括 $S-B_5$ 标准化样本中最年轻的 3 个年龄组的成员，即 1400 名 2~5 岁的儿童、1000 名 6~10 岁的儿童和 1200 名 11~16 岁的儿童。研究者使用 Schmid 和 Leiman 程序将部分 $S-B_5$ 方差归因于一级和二级因素，试图通过一阶和二阶因素可变性的分配去解释 $S-B_5$ 的多个因素。结果发现，$S-B_5$ 是衡量智力的有力工具，建议临床医生使用整体的分数去评价个体的智力。另外，该研究结果还表明，该量表和许多认知能力测试一样，可能高估了潜在因子的数量，在解释第二层因子时，测试作者可能需要增加测量这些维度的分测验的数量，以解释该级别上更大比例的方差。

另外，国外的一些研究者也将斯-比量表和其他智力量表做比较，研究其信效度。在研究中，通常是将斯-比量表和韦氏成人量表（WAIS）及韦氏儿童量表（WISC）做比较，很多研究中也同时使用斯-比量表和韦氏智力量表测试同一个研究信效度（Gibbons & Warne，2019）。

2. 国内

国内对于斯-比量表的基础研究较少，大多集中于 20 世纪对于国外早期量表的引进和修订。从 20 世纪 20 年代起，我国心理学家陆志韦和吴天敏便开始斯-比量表的中国版的修订工作。1924 年，陆志韦在 1916 年斯-比量表的基础部分上修订而成《中国比奈西蒙智力测验》。1936 年，他和吴天敏合作发表第二次修订版。1978 年，吴天敏主持第三次修订，1982 年完成《中国比奈测验》。该测验共有 51 道题，从易到难排列，每题代表 4 个月的心理年龄，这样从 2~18 岁，每个年龄段有 3 道题。不过，最后的智力评定指标并非智龄，而是离差智商。中国比奈测验必须个别施测，并且要求主试必须受过专门训练，对量表相当熟悉且有一定经验，能够严格按照测验手册中的指导语进行施测。为了节省测验时间，吴天敏在《中国比奈测验》的基础上又制定了一份《中国比奈测验简编》，由 8 个项目组成，通常只需 20 分钟即可测完（戴海琦，张峰，陈雪枫，2011）。

国内较近的基础研究，主要是温暖等（2005；2007）关于斯-比量表第四版的试用及量表特色的研究。在信度部分已有较为详细的介绍，因此不在此部分赘述。

（二）应用研究

1. 国外

国外对于斯－比量表的应用也较为广泛，近年来的研究用得更多的是第五版量表。在国外，斯－比量表主要用于临床诊断以及临床应用的信效度检验。其中，国外对斯－比量表的研究在 20 世纪主要集中于单纯研究斯－比量表的信效度、比较斯－比量表与其他智力量表的信效度差异和用斯－比量表检验其他智力量表。近年来，斯－比量表逐渐被用于临床当中，并作为一种辅助检验的量表测量先天或后天的疾病对被试智力的影响程度，或是测量普通人和有智力障碍问题的人的不同的行为方式。通过在 EBSCO 上以"Stanford－Binet Intelligence Scale"为主题词检索，检索出超过 1600 篇文献，文献的时间跨度从 1916 年至今。

近 5 年来，检索出来的文献主要围绕临床研究，研究者将斯－比量表作为测量儿童智力的工具。在 Itskovich 等（2021）关于自闭症儿童的研究中，将斯－比量表作为判断自闭症儿童认知能力和社会动机的工具；在 LeWinn 等（2020）关于儿童认知行为与父母教育和环境的关系的研究中，为确定与儿童认知表现有关的可改变因素，将斯－比量表第五版作为测量被试在 4～6 岁时智商的工具；在 Henry 等（2020）关于自闭症学生的口语和听力发展研究中，将斯－比量表第五版作为自闭症学生能力测试的工具。

斯－比量表在一些关于认知行为的临床研究中还被作为检测对问题儿童治疗效果的工具。在 Lamônica 等（2020）关于先天性甲状腺功能低下女孩的研究中，用斯－比量表测量从新生儿时期开始治疗，是否会对这些女孩的运动、沟通和认知能力表现等方面有所改善。

2. 国内

通过文献检索，发现国内对斯－比量表的研究主要运用于临床实践，并且在临床的实践运用中起到辅助作用。同时，由于版本更新较慢，国内更多是关于斯－比量表第四版的研究和运用。

通过在 CNKI、维普数据库和万方数据库对斯－比量表进行相关检索，发现国内关于斯－比量表的研究较少。同时，国内已有的研究大部分采用的是斯－比量表第四版，量表版本更新较国际上更为落后，研究也更少。国内已有对斯－比量表的研究文献大部分集中在 1995—2010 年，近年来国内有关斯－比量表的研究文献很少。

在我国的临床研究中，斯－比量表大都作为检验临床实践结果的手段。在赵倩等（2018）关于辅助受孕儿的研究中，将斯－比量表的测量结果作为评估不同类型受孕儿智力发育水平的标准；在张毅敏等（2006）关于先天愚型儿童的研究中，用斯－比量表测试通过针药结合治疗后，先天愚型儿童智商的改善程度。

六、斯坦福－比奈智力量表的优缺点

（一）优点

1. 3个层次的分数体系

斯－比量表第四版的分数来自3个层次，分别是分测验、分测验所属的领域和最终的合成分数。15个分测验能够提供15个代表各自分测验意义的分数，而它们分属的不同领域经过集合后能够提供4个领域分数，将领域分数整合后会得到最终的合成分数。第四版的变化在于最终结果不再只有一个总分，而是可以依据被试的水平提供13~20个不等的分数。

2. 能力鉴别和人才选拔

斯－比量表的智力测量能够帮助教育者与心理学家了解部分学生学习困难的原因、能够帮助区别具有心理缺陷的学生和缺乏学习能力的学生，同时也能够通过量表测试结果鉴别出能力突出的学生。因此，斯－比量表对于社会人才的培养和选拔具有重要意义。

3. 适应性测验的运用

适应性测验是测验编制和施测的一个重要理念。斯－比量表第四版明确实践了这一理念，以词汇分测验作为一个定线测验（Routing test），依据被试在该分测验上的表现来确定接下来其他分测验从何处起测，并且施测那些恰好适合于该被试能力的测题。这样既可以减少从一个分测验上获得可靠信息所需的时间，又降低了被试遇到太难或太易测题而产生受挫感的可能。

4. 保持与早期版本的连贯性

斯－比量表作为一个在心理测量上建立了伟大功绩的量表，其前三版的编制是各时代专家学者的心血，其中一些值得保留的优秀测题在第四版中仍被沿用。国外研究者研究调查发现第四版与前三版均有共享测题，其中与第三版共享的测题有32题，占第四版总测题数的7%。

5. 分测验兼具传统和创新性

从总体上看，斯－比量表第四版的15个分测验兼具传统性和创新性。有研究者将15个分测验分成3类：继承类，即从第四版之前的各版量表中保留下来并有所扩展的分测验；新增类，即第四版中新增加的分测验；沿用类，即在编制第五版时被沿用的第四版所含的分测验。

6. 便利的螺旋装订题册

第四版采用了方便的螺旋装订题册，将计分标准和参考答案与测题对应，印刷在了同一本册子中。测试时主、被试相向而坐，将题册放在桌上的支架上，如此被试可以看到测题并回答，主试也能够看清参考答案和计分标准，测试流程更为标准化，也更高效。

7. 年龄跨度较宽

第四版的编者在编写时考虑到了量表的用途，在设置测题时注意了高低两端被试的能力，使得量表的可使用年龄范围覆盖较广，从 2 岁至成人均可使用。

（二）缺点

斯－比量表并非完美，其不足之处主要在于设立时的目的和后续发展中的缺陷。

智力测验始于一名法国原公共教育部部长在 20 世纪初所做的一项决定。虽然这一决定产生了一系列公平性问题，但是也正是这一决定为现代智力测验理论的发展提供了动力，激起越来越热烈的相关讨论。这项决定放在倡导平等的当今社会会受人非议，智力测验本身带有的优越感也会招致部分被试反感。

另外，后续发展中对于被试年龄范围的描述的模糊也是该量表的不足之处之一。事实上，大多数测验的被试年龄层集中在 18 岁以下，量表本身多用于甄别学习能力不足或学习有困难的儿童，对于高年龄被试的作用研究较少。同时由于量表所依靠的智力随年龄发展曲线，高年龄层的智力增长变化幅度不高，量表的信度虽然在高年龄被试上较高，但其实用性会有所下降。

第二节　韦克斯勒智力量表

韦克勒斯智力量表（Wechsler Intelligence Scale，WIS，简称韦氏智力量表）是由美国医学心理学家大卫·韦克斯勒（David Wechsler）于 1949 年开始主持编制的系列智力测验量表，是目前世界上应用最广泛的智力测验量表。韦氏智力量表在其发展过程中，逐渐衍变为针对成人、儿童和幼儿的 3 个不同年龄阶段的系列量表。韦氏智力量表在当今国际心理测验领域作为应用广泛的成套个别智力量表，常用作效标对其他智力及相关的测验进行效度检验。本节分别对韦克斯勒成人智力量表、韦克斯勒儿童智力量表和韦克斯勒幼儿智力量表进行简要介绍，包括量表的发展历程、内容、常模、信度、效度和中国化历程等，最后结合最新的基础研究应用和实践应用进行相应的拓展，并进一步讨论其不足及其未来的研究方向。

一、引言

在我们的日常生活中，时常出现这样的新闻：某某神童智商超群，年仅几岁就读完大学课程；世界上智商最高的人是谁；爱因斯坦的智商是多少……智力、智商是我们耳熟能详的词，但很少有人真正了解这些概念的确切含义。智力代表了什么？智力高低的评判标准是什么？我们该用什么样的方法对智力进行评估？智商作为我们判断一个人是否聪明的证据，即个人智力高低的反映。需要说明的是，智商是智力商数（Intelligence Quotient，IQ），是衡量智力的一种方法，我们通常只知道结果，即这个人的智商是多少，很少有人了解这个结果是如何得出的。基于此，我们将在这一节介绍智力是什么，我们通常采取什么样的方式对它进行测验，以及如何判断一个人的智力高低等。智力研究对个体的社会化发展有着积极的实践价值，对丰富国内外心理学、教育学、医学等相关领域的理论发展以及人才培养方面有着重要意义。

（一）智力的概念

对智力的定义是有争议的，它代表的能力是什么以及它是否可以量化，都曾经让很多心理学家争论不休。西方心理学家对智力下的定义可分为抽象思维、学习、适应环境、信息加工、综合理解等能力类型（Lewis，2006）。现在一般认为，智力是指生物一般性的精神能力，这种能力通常包括推理、理解、计划、解决问题、抽象思维、表达意念和语言及学习的能力等，但是这种认识仍然处于不断变化之中，也就是说，智力理论是一个发展的理论。

在心理学史上，智力理论的发展经历了智力不变论到智力可变论，单维智力论到多维智力论，一层智力论到多层智力论，对智力的分析经历了从结果导向到过程导向的过程（张伟，张淑华，2004）。

传统的智力理论认为，智力主要是先天遗传的，智力是"不变"的或"少变化"的，只有一个层次。传统上把"智力"的含义界定为多种认知能力的综合，它包括观察力、记忆力、思维力、想象力、注意力等多个内容，皆属于认知能力的一个维度。

欧美的心理学家对于接下来要介绍的韦氏智力量表的一个主要批评是它总体上缺乏一个清晰界定的智力理论基础。形成这一批评的一个主要原因是韦氏智力量表的设计并不依赖于某一个单一的智力理论（Zhu & Weiss，2005）。令人难以置信的是，被批评为缺乏理论基础支持的韦氏智力量表却有着很高的临床应用价值。事实上，翻开韦氏智力量表的每个技术手册或者相关文献，不难发现每个韦氏智力量表的设计都与当时智力理论的发展密不可分。因此，尽管韦克斯勒从来没有根据某一个特定的智力理论来设计韦氏智力量表，但是他的设计理念、量表的编排方式、测验的反应方式以及评分方法与传统智力测验的编制方法是非常相似的。

韦克斯勒认为智力和智力能力是不同的概念，他将智力定义为："智力是一个人有目的行动、合理思维和有效处理周围环境的整体能量。"在他看来，智力是由一组各自不同的能力聚集起来而形成的一个综合的实体，而这些各自不同的具体的智力能力是可以被定量测试和区分开的（Wechsler，1939，1950，1974，1975，1981；Zhu & Weiss，2005）。

在很大程度上，韦克斯勒受到桑代克（Thorndike）的影响。桑代克认为，智力可以看作是由一组在量上有差异的元素或者能力所组成的整体，因此最优化的智力测验方法应该是设计一系列的测题来测量被试智力的各个方面。正因为如此，韦克斯勒的一个创举就在于他在全量表得分（也称总智商，Full scale）的基础上，提出了言语量表得分（也称言语智商，Verbal IQ）和操作量表得分（也称操作智商，Performance IQ）的概念。韦克斯勒设计的言语分量表和操作分量表被用于评价大脑两半球的功能，这在 20 世纪 30—50 年代具有重要的实用价值。在 20 世纪 80 年代 CT 和核磁共振（MRI）等脑成像仪器出现以前，言语和操作分量表都常常被临床神经心理学家作为诊断大脑两半球功能的辅助工具。

（二）智力的测验

智力测验是指在一定的条件下，使用特定的标准化的测验量表对被试施加刺激，从被试的一定反应中测量其智力的高低。换言之，它是由经过专门训练的研究人员采用标准化的测验量表对人的智力水平进行科学测量的一个过程（金瑜，2001）。这里的测验内容包括理解、判断、解决问题、抽象思维、表达意念和语言及学习的能力等多个层面的智力特征。通过对测验结果进行统计分析，研究者可以综合评估个体的智力水平。随着现代生物学技术、计算机技术和现代认知神经科学的发展，智力测验的方法有了重大的改进。智力测验方法的演进经历了从对智力现状的分析到对智力潜能的测量，从单一层次测量到多层次测量、从单维测量到多维测量的过程（张伟，张淑华，2004）。

1905 年，法国心理学家比奈（A. Binet）和西蒙（T. Simon）合作编制了世界上第一个智力测验量表——比-西量表。自从比-西量表问世以来，智力测验就一直被用于人才的甄别、诊断与选拔中，智力水平的高低成为衡量人才的重要标准之一。在其盛行 20 余年后，韦克斯勒于 1939 年指出，"比奈式"智力量表主要存在以下不足（Anastasi & Urbina，2001）：

（1）被试适用范围较小，可测量的对象主要为学龄儿童。例如，比－西量表 1908 年版设立 11 个组别，适用年龄为 3~13 岁；1911 年版也设立 11 个组别，适用年龄分别为 3~10 岁，外加 12 岁、14 岁、15 岁组，再加一个成人组；1916年，基于比－西量表修订的斯－比量表适用年龄为 3~14 岁，另附普通成人和优秀成人两组；1936 年的比－西量表中国版适用年龄为 6~14 岁。"比奈式"智力量表的项目针对学龄儿童设计，只是加上一些类型相同而难度较小的项目以后，改为幼儿使用；或者加上一些类型相同而难度较大的项目以后，改为成人使用。这类智力量表的项目内容，对于幼儿往往存有无法理解之处，而对于成人又可能过于简单幼稚。从心理测量的专业角度来看：一方面，这类智力量表项目对于幼儿特别是成人被试，显然缺乏表面效度；另一方面，在智力测验的过程中，主试难以与幼儿或成人被试建立友好合作关系，致使量表的信度和效度大为降低。

（2）过度强调测验速度，整体测验的信效度受影响。速度和难度，本是智力量表设计项目时应该权衡的一对因素，两者都能反映智力发展水平的高低。但"比奈式"智力量表偏重项目速度，往往不利于年龄较大的被试，或者说会低估他们的智力水平。

（3）测验项目混为一体，没有对不同项目设置权重。"比奈式"智力量表没有区分项目的不同性质，测验结果仅有一个智力分数，特别是言语项目的权重不当。

韦克斯勒为克服"比奈式"智力量表的缺陷，从 1939 年开始陆续发表了一系列韦氏智力量表，成为继比奈后最成功和最富有成果的智力量表编制者。在其后的 80 余年间，韦氏智力量表始终处于智力测验领域的巅峰位置，其在当今国际心理测验领域作为应用广泛的成套个别智力测验，常用作效标对其他智力及相关的测验进行效度检验（丁怡，2006）。韦氏智力量表在其发展过程中，逐渐衍变为针对成人、儿童和幼儿的 3 个不同年龄阶段的系列量表。

接下来，我们将分别介绍韦氏成人智力量表、韦氏儿童智力量表和韦氏幼儿智力量表。

二、韦克斯勒成人智力量表

（一）发展历程简介

韦克斯勒成人智力量表（Wechsler Adult Intelligence Scale，WAIS）是

以 16 岁以上的成年人为对象，进行认知能力评估和个别施测的测评工具，它是当今国际心理学界公认的已被广泛运用的针对成人的智力测验工具（王健等，2013）。

WAIS 的发展历程大致如下：

最初，韦克斯勒在纽约精神病院工作期间，感到斯－比量表不适合成年病人，于是他着手自编量表，在 1939 年编成韦克斯勒智力量表（WIS），1944年完成标准化工作，为临床应用提供了新的智力测评工具。该量表最大的创新便是测验的常模是具有代表性的成人。1955 年，韦克斯勒对 WIS 进行重新修订后出版了韦克斯勒成人智力量表（WAIS）。1981 年，WAIS 再次被修订为韦克斯勒成人智力量表修订版（Wechsler Adult Intelligence Scale－Revised，WAIS－R），这次修订修改了一些条目并重新标准化。1997 年，在 WAIS－R的基础上又修订为韦克斯勒成人智力量表第三版（Wechsler Adult Intelligence Scale－Third Edition，WAIS－Ⅲ）。此次修订除修订条目、改变计分方式和重新标准化外，还增加了一些新的分测验，用以测量工作记忆和加工速度。除提供 3 个智商得分外，还提供了言语理解、知觉组织、工作记忆和加工速度 4 个因子商数（龚耀先，戴晓阳，1988；戴晓阳等，1989）。

2008 年，韦克斯勒成人智力量表第四版（Wechsler Adult Intelligence Scale－Fourth Edition，WAIS－Ⅳ）出版。WAIS－Ⅳ重新修订并提供 4 个指数分数间的比较，并且合成一般能力指数和认知效率指数，在被试智力测评时提供详细的分析解释。与前几个版本相比，WAIS－Ⅳ对量表的结构、内容做了大幅度调整，不仅更新了常模、增加了部分新的分测验，而且改进了设计理念和记分方法，使得测验结果有助于工作者做出更准确的解释和临床判断。接下来，我们将对 WAIS－Ⅳ中文版进行详细介绍。

（二）WAIS－Ⅳ中文版的内容、常模、信度、效度

1. 内容及特点

WAIS－Ⅳ中文版吸收了认知心理学的研究成果，结合了当代智力理论的结晶，体现了认知心理学与神经心理学理论与实践的前沿发展，改变了以往版本中用含糊的言语智商和操作智商对智力水平的笼统概括，从而实现了更加合理的能力分组，使得对智力和认知能力的评估和诊断更科学。WAIS－Ⅳ中文版的临床效度高、信息丰富、相关的结果解释及科研文献极为丰富，不但广泛应用于医学、教育、残疾评定、职业评估、能力测定等领域，而且心理学工作者常把它作为标准对其他有关智力的测验进行效度检验（崔界峰等，2017）。被试在 11 个分测验上的分数将合并为一个称为全量表智商（Full－Scale IQ）

的总分（Hartman，2009）。

WAIS-Ⅳ中文版具有如下特点：①较大程度改进测验结构。如图1-2所示，该版量表包括积木、类同、背数、算术、矩阵推理、词汇、符号检索、拼图、译码、常识10个核心分测验，涵盖了言语理解、知觉推理、工作记忆和加工速度4个认知维度。因此，它的能力分组更加合理，对工作记忆和加工速度关注更多，对测试者认知活动效率的分析更细致，对测试者认知能力的评估和诊断更科学、精确。②重新修订测验项目，增加评估流体智力、工作记忆和加工速度的分测验，更符合当代认知理论的模型。③降低了操作测验中速度的比重。④拓展分数区间和年龄范围，为低能力端和高能力端设计了许多新题目。⑤提高常模样本的代表性，加入精神发育迟滞、超常、精神分裂症、抑郁症等被试样本。⑥更新常模，避免弗林效应的积累（是指自智力测验开始以来，人类智力测验平均成绩在不断上升，而且群体智力测验平均分数上升的速度有加快之势）。

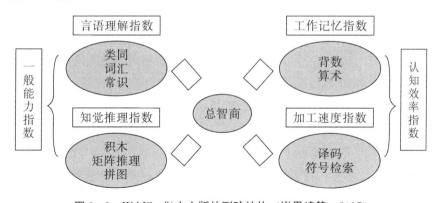

图1-2 WAIS-Ⅳ中文版的测验结构（崔界峰等，2017）

2. 常模

WAIS-Ⅳ中文版的常模数据基于中国大陆16周岁以上人群的抽样结果，施测语言为普通话，文字题目按照中国大陆的语言习惯做了相应的修改。计划抽样1800例，实际有效取样1757例，总体男女性别比为47.5：52.5，包括6~17岁、18~19岁、20~24岁、25~29岁、30~34岁、35~44岁、45~54岁、55~64岁、65岁以上等9个年龄段。小学及以下学历为340例、初中学历624例、高中学历395例、大专学历226例、本科及以上学历172例。

在13种职业分布方面，国家公务员、专业技术人员、职员、企事业管理人员、工人、农民、学生、现役军人、自由职业者、个体经营者、无业人员、退离休人员和其他职业的例数分别为19例、218例、200例、31例、301例、

98 例、307 例、30 例、70 例、68 例、93 例、212 例和 110 例，涵盖职业范围广泛，样本具有一定代表性。

在取样当地居住年限方面，半年及以下的、半年～2 年的、2～4 年的、5～9 年的、10 年及以上的例数分别为 61 例、90 例、110 例、132 例、1364 例。其中半年及以下居住年限的人口只占不到 4%，2 年以下居住年限的人口只占不到 10%，而 2 年以上居住年限的人口占 90% 以上，基本代表了当地常住人口的情况。

WAIS－Ⅳ 中文版在其第三版的基础上做了重要改进，并将原第三版中韦克斯勒成人智力量表的农村版和城市版进行了合并修订，修订后的 WAIS－Ⅳ 中文版已不需要再进行农村版和城市版的量表选择，只需要将用户信息中的户籍性质一栏选填上，系统即能自动调用并匹配对应的常模。

至于 WAIS－Ⅳ 中文版常模得分分布情况，研究者将全国 1757 例常模样本中所有被试的原始分进行标准化处理，转换成量表分和合成分数。WAIS－Ⅳ 中文版在各分测验（包括积木等 10 个核心分测验）水平上转换后的量表分属于一个均数为 10、标准差为 3 的曲线分布。指数（包括言语理解指数、知觉推理指数、工作记忆指数、加工速度指数、一般能力指数和认知效率指数等 6 个合成指数）和总智商都是基于不同分测验量表分相加后，经过转化得出的合成分数，是一个均值为 100、标准差为 15 的曲线分布。

3. 信度

1）内部一致性信度

WAIS－Ⅳ 中文版的分半信度是经过 Spearman－Brown 公式校正后的两半测验之间的相关系数（Li 等，1996）。其中，符号检索、译码两个分测验属于速度测验，并不适用于分半信度的计算，因而使用重测稳定性系数估计信度。在分测验上，全样本的平均信度系数范围是 0.82～0.94，过程分数的平均信度系数范围是 0.79～0.83；合成分数的平均信度系数范围是 0.90～0.98，以上信度系数的显著性水平均小于 0.05（王健，2013）。这些结果与原版 WAIS－Ⅳ 的内部一致性系数在分测验、合成分数上的结果一致（Wechsler，2008）。以上证据表明，WAIS－Ⅳ 中文版具有良好的内部一致性。

2）重测信度

王健（2013）采用 Pearson 相关分析进行量表重测信度检验和量表的内部相关性研究，得出以下结果：WAIS－Ⅳ 中文版的重测信度系数在各分测验上的范围是 0.68～0.86，在过程分数上的范围是 0.61～0.72，在合成分数上的范围是 0.78～0.91，显著性均小于 0.05。WAIS－Ⅳ 中文版在各分测验、过程分数上的重测信度接近原版 WAIS－Ⅳ（0.96）、WISC－Ⅳ中文版（0.91）、WAIS－Ⅲ中文版（0.96）和 WAIS－RC（0.89）（陈荣华，陈心怡，2002；龚耀先，1992；Wechsler，2008；张厚粲，2008），表明 WAIS－Ⅳ中文版的分数在经过一段施测时间后仍具有相当的稳定性。

4. 效度

1）内部相关性

各分测验得分间的相关系数及分测验得分与各指数的相关系数如表 1－4 所示。此外，各分测验得分与全量表智商得分的相关系数为 0.59～0.72，4 个指数与全量表智商得分的相关系数为 0.76～0.88。言语理解的各分测验得分与构成知觉推理、工作记忆的分测验得分间的相关系数，前者为 0.39～0.51，后者为 0.51～0.58。知觉推理的各分测验得分与工作记忆的各分测验得分间相关系数为 0.41～0.50，p 值均小于 0.001。这表明，WAIS－Ⅳ中文版中各分测验间的相关是显著的，这种内部相关模式与原版 WAIS－Ⅳ 和 WISC－Ⅳ中文版相似（王健等，2013）。

表 1－4　WAIS－Ⅳ中文版的内部相关性系数

	分测验得分间相关系数	分测验得分与各指数的相关系数
言语理解（VCI）	0.65～0.71	0.73～0.77
知觉推理（PRI）	0.49～0.57	0.55～0.61
工作记忆（WMI）	0.61	0.61
加工速度（PSI）	0.61	0.61

2）效标效度

王健等（2015）以韦克斯勒记忆量表第四版中文版（成人版，WMS－Ⅳ）作为 WAIS－Ⅳ中文版的效标工具，对同时施测两个量表的 1554 名被试的数据进行量表间的相关分析，结果表明 WAIS－Ⅳ中文版的工作记忆指数与记忆量表各指数分的相关系数为 0.50～0.64，总智商与记忆量表各指数分的相关系数为 0.61～0.70，总智商与总记忆商的相关系数为 0.73，显著性均小于 0.05，表明 WAIS－Ⅳ中文版具有良好的效标效度。

3）验证性因素分析

如表 1－5 所示，WAIS－Ⅳ中文版的结构是根据 7 个拟合度指数来评定的。此外，用 Steiger 提出的近似误差均方根（RMSEA）作为每个自由度差异的测量（王健等，2013）。表 1－5 呈现了核心分测验的各因子模型的设定，以及各模型验证性因素分析在全样本中的拟合度。研究结果表明，与其他因素模型相比较，四因素结构明显拟合良好，并具有良好的临床效度（何雪玲等，2013；晏丽娟等，2013）。

表 1-5　WAIS-Ⅳ中文版因子结构各因子模型的设定
及验证性因素分析的拟合度（全年龄段 16~69 岁，$n=1757$）

模型	高阶因子		低阶因子		χ^2/df	RMSEA	CFI	IFI	SRMR
	个数	名称	个数	名称					
1	1	IQ	—	—	1106.28/35	0.130	0.95	0.95	0.057
2	1	IQ	3	VCI, PRI, CPI	429.47/32	0.084	0.98	0.98	0.038
3	1	IQ	4	VCI, PRI, WMI, PSI	167.79/31	0.050	0.99	0.99	0.024
4	1	IQ	4	VCI, PRI, WMI, PSI	162.48/30	0.050	0.99	0.99	0.024
5	—	—	4	VCI, PRI, WMI, PSI	164.54/29	0.052	0.99	0.99	0.024

注：模型 4 与模型 3 相似，但前者中算术分测验在言语理解和工作记忆上都有预测载荷。IQ，全智商；VCI，言语理解指数；PRI，知觉推理指数；CPI，认知效率指数；WMI，工作记忆指数；PSI，加工速度指数。

（三）中国化历程

国内对韦克斯勒成人智力量表的引进和修订源于 20 世纪 80 年代，龚耀先等于 1979 年引进了 WAIS，并在 1981 年将该量表修订为中国韦克斯勒成人智力量表（WAIS-RC；龚耀先，1992）。该量表提供言语智商、操作智商和全量表智商，用于衡量被试智力情况，其一经出版就在国内得到广泛应用（蔡太生，龚耀先，1992）。2003 年，中国台湾地区对 WAIS-Ⅲ进行修订（陈荣华，陈心怡，2002）。2007 年，北京回龙观医院从 Pearson 公司引进 WAIS-Ⅳ并进行中国化修订，出版了 WAIS-Ⅳ中文版（王健等，2012）。WAIS-Ⅳ中文版基于原版的 WAIS-Ⅳ，修订后包含原版 10 个分测验、合成 4 个指数分数、一般能力指数、认知效率指数以及全量表智商，并建立了最新的国内常模。新修订的 WAIS-Ⅳ 中文版不仅具有与原版相似的特征，而且将测验条目呈现、计时计分等应用计算机技术作为辅助，以减少测验的人为误差（王健等，2012）。

（四）基础研究应用与实践应用

在国外，WAIS-Ⅳ最常用于测量成年人的认知能力（Goldstein & Saklofske，2010），常被应用于各种各样的工作领域中（Bowden 等，2011）。

此外，WAIS-Ⅳ在临床领域也有广泛的应用，用于探索某些特殊障碍是否与认知能力的损害相关，并能够比较具有特殊障碍的人群与普通人群的认知能力差异。例如，WAIS-Ⅳ可以评估精神病或脑损伤患者的认知功能水平。Boone-De（1998）的研究指出，精神疾病患者在领悟、相似性、算术、数字广度等认知功能方面有明显损伤；数字跨度子测试可用于查找注意力困难的人群，可以提供不同个体或群体之间的适当比较（Theiling 等，2013）。

在国内，WAIS-Ⅳ同样也被广泛应用于临床领域。例如，晏丽娟和王健（2013）探讨精神发育迟滞患者在 WAIS-Ⅳ中文版上的智力特征，并对该人群智力相关因素进行研究分析。在该研究中，研究者选取 118 例轻中度精神发育迟滞患者（患者组），并与 118 例正常被试（对照组）进行比较，发现精神发育迟滞成人患者智力全面下降，尤其在工作记忆和加工速度方面受损严重。精神发育迟滞样本中，言语理解与工作记忆发展不平衡的人数显著高于正常对照组，这部分患者以言语理解为相对优势智力，工作记忆为相对弱势智力。何雪玲和王健（2013）应用 WAIS-Ⅳ探讨精神分裂症智力特征。选取符合国际疾病和相关健康问题统计分类第十版（ICD-10）精神分裂症诊断标准的患者 120 例及正常对照 120 例，以 WAIS-Ⅳ中文版评定两组的智力状况，以阳性与阴性症状量表（PANSS）评定患者的临床症状，并收集患者的受教育程度、发病年龄、病程和疾病分型资料。结果显示，与正常对照相比，患者的总智商、各分测验量表分及一般能力指数、认知效率指数和 4 个指数分数显著下降，这说明部分精神分裂症患者有智能的损害，并不像传统上认为的患者的智能保持相对完整。精神分裂症患者与正常对照相比在加工速度和工作记忆方面受损较重，而且阴性症状越重、受教育程度越低，智商越低。在精神分裂症中，言语阅读能力被认为是其保存的一种能力，它不受疾病病程的影响，能够反映患者发病前的认知功能。

三、韦克斯勒儿童智力量表

（一）发展历程简介

韦克斯勒儿童智力量表（Wechsler Intelligence Scale for Children，WISC）是国际上通用的儿童智力评估工具，据权威的心理测验年鉴第九版（Mental Measurement Yearbook-9，MMY-9）记载，其文献占有率居 50 个常用测验的第二位，在许多国家和地区都有其修订本（龚耀先等，1999）。

1949 年，WISC 首次出版发行，直到最新的一版量表，共经历了三次修订更新。WISC 第一版包括 12 个分测验，其对智商的衡量标准为全量表智商

[Full Scale Intelligence Quotient，即一个被试总体智力功能的综合成绩，该得分是在合计各个分量表得分基础上得出的结果（Sattler & Dumont，2004）]与言语智商、操作智商这两个合成分数。1971 年，研究者对 WISC 进行了第一次修订，出版发行了韦克斯勒儿童智力量表修订版（Wechsler Intelligence Scale for Children-Revised，WISC-R）。该版本修订了个别题目，重新制定了常模，并将被试的年龄范围从 5~15 岁调整至 6~16 岁，但分测验的数量与衡量智力的指标都没有改变。1991 年，研究者再次对 WISC-R 进行修订，更新常模，发行了韦克斯勒儿童智力量表第三版（Wechsler Intelligence Scale for Children-Third Edition，WISC-Ⅲ）。该版本增加了一个新的分测验——符号检索（Symbol search），以便提供被试认知加工速度方面的信息，特别强调儿童的反应速度。另外，WISC-Ⅲ 还将试题的难度向两端即更易和更难延伸，为年幼和大龄儿童提供了更具鉴别力的测试项目。在衡量智力的指标方面，WISC-Ⅲ 除智商分数外，还能提供 4 种可供任意选择的基于因素的指数分数（Factor-based index score），分别为言语理解指数、知觉组织指数、抗干扰指数、加工速度指数，以说明被试在更细化的认知领域的能力。

2003 年，研究者对 WISC 进行第三次修订更新，出版发行了韦克斯勒儿童智力量表第四版（Wechsler Intelligence Scale for Children-Fourth Edition，WISC-Ⅳ）。WISC-Ⅳ 结合了当代认知心理学和神经心理学的最新研究成果，进一步增强了对流体推理（Fluid reasoning）、工作记忆和加工速度的测量（Wechsler，2003）。WISC-Ⅳ 增加了 3 个专为测量流体推理能力而设计的新分测验，即矩阵推理、图画概念和词语推理。为了加强对工作记忆的测量，WISC-Ⅳ 将 WAIS-Ⅲ 中的字母-数字排序分测验调整后作为一个新的分测验纳入，并对算术测验进行修订，提高了对于工作记忆的要求；同时，背数测验的常模也被进一步细分为顺序背数和倒序背数两个部分。此外，WISC-Ⅳ 提供了一个新的分测验——划消，来加强对认知功能的重要指标加工速度的测量（Fry & Hale，1996）。对于智商的衡量，采取全量表智商和 4 个合成指数。总的来说，WISC-Ⅳ 允许研究者对个体在广泛的认知能力领域和子测试进行优劣势分析，是一套综合性较强、设计理念先进、临床应用价值较高、有理论支持、注重生态学效度的智力量表，这些优点使得对儿童认知能力的评估和诊断更科学、精确。

2014 年，研究者对 WISC-Ⅳ 进行修订，出版发行了韦克斯勒儿童智力量表第五版（WISC-Ⅴ）。该版本使用视觉空间（Visual spatial）、流体推理分量表取代了知觉推理分量表，从而提供了言语理解、视觉空间、流体推理、工作记忆和加工速度五大分量表。从表面上看，第五版只比第四版多加了一个分量表，但其在理论框架上大大加强了与当代卡特尔－霍恩－卡罗尔（Cattell－Horn－Carroll，CHC）智力理论的内在统一性。卡特尔与霍恩提出了流体智力－晶体智力（Gf－Gc）理论，卡罗尔又进一步提出，智力可以分层为一般能力（第三层）、广义能力（第二层）、狭义能力（第一层），以上理论结合起来就形成了依赖于因素分析统计方法的CHC智力理论。WISC－Ⅴ改动的动机在于第四版中的知觉推理并不是CHC智力理论的一个智力因子，而言语理解、工作记忆、加工速度三大因子都与CHC智力理论的因子吻合。同时，五大分量表因子与CHC智力理论下的5个因子也有更完美的一一对应关系。然而，中国目前并没有引进WISC－Ⅴ，研究者广泛使用2008年引进的WISC－Ⅳ，因此，下文对WISC－Ⅳ作详细介绍。

（二）WISC－Ⅳ的内容、常模、信度、效度

1. 内容

WISC－Ⅳ包括言语理解、知觉推理、工作记忆和加工速度四大分量表，共有15个分测验项目。言语理解量表包括类同、词汇、理解、常识和单词推理5个分测验项目。知觉推理量表包括积木、图形概念、矩阵推理和图画补缺4个分测验项目。工作记忆量表包括背数、字母－数字排序和算术3个分测验项目。加工速度量表包括译码、查找符号和删除图形3个分测验项目。在15个分测验项目中，有10个为主要分测验（core subtests），5个为补充的分测验（supplemental subtests），补充的分测验可用于提供额外信息，或者在某一主要的分测验被错误施测时作为替补项目。在智商的衡量方式方面，采取总智商与4个合成指数——言语理解指数、知觉推理指数、工作记忆指数和加工速度指数。WISC－Ⅳ适用于6岁到16岁11个月的儿童和少年。完成主体部分的分测验需要65～80分钟，完成补充的分测验需要10～15分钟。

2. 常模

WISC－Ⅳ于2003年在北美发行时，其常模达到2200人，且在一年内就完成了所有常模的数据收集。2200人被分到11个组中，每组200人。常模的性别、年龄、种族、地区、教育阶层的分布和美国2000年国家人口普查资料所显示的比例分布非常吻合。除了采用普通个体为常模，WISC－Ⅳ也收集了16个特殊群体的数据，包括天才、自闭症、多动症常模等。

WISC－Ⅳ在中国的常模由张厚粲（2008）制定，该常模最初包括1100人，每个年龄组100人，各年龄组内考虑了地区、性别、父母教育程度、学校

水平和学业成绩。为了增强样本代表性，还选取了 3 个各 60 人的特殊样本组——智力超常组、智力落后组和学习困难组。最终制定的中文版常模达到了以下标准：量表分数和合成分数均属正态分布，分测验量表分数的平均数和标准差分别为 10 和 3，合成分数的平均数和标准差分别为 100 和 15。

3. 信度

WISC-Ⅳ全量表得分的内在信度系数在 0.96 以上，除了所有加工速度分量表，言语理解、知觉推理、工作记忆分量表的信度系数也都在 0.90 以上。加工速度分量表的信度系数在 0.87~0.89，该系数偏低的原因是加工速度分量表只包括了两个子测验。所有主要子测验的内在信度在 0.79~0.90，所有补充子测验的内在信度在 0.79~0.88。WISC-Ⅳ设计人员针对 243 个常模收集了重测信度，前测和后测的时间间隔为 13 天到 2 个月。子测验的重测信度在 0.70~0.80，其中工作记忆分量表的重测信度为 0.84，言语理解分量表的重测信度为 0.95。全量表的重测信度为 0.91（Maller，2005）。对于特殊群体，如患有视力障碍的群体，WISC-Ⅳ也表现出了良好的信度，其分半信度在 0.79~0.97，内部一致性系数在 0.83~0.97（Chen 等，2021）。

4. 效度

很多因素分析的研究表明，韦克斯勒智力测验的系列量表都有很高的结构效度（Brown，1991，1996，2002；Wechsler，2003）。先前的研究也表明，韦克斯勒智力测验的系列量表与其他智力量表有很高的相关度。比如，WISC-Ⅳ和 WISC-Ⅲ总量表得分的相关系数为 0.89；韦氏智力测验的系列量表和很多其他的智力量表相关系数也多在 0.80 以上（Zhu & Weiss，2005）。在患有视力障碍群体的样本中，WISC 的子量具有良好的聚合效度，言语理解指数、工作记忆指数都与非口语认知发展量表（Nonverbal Cognitive Development Scale，NCDS）呈现出显著的、中度的正相关（Chen 等，2021）。

（三）中国化历程

国内经历了两次对 WISC 的引进与修订。在引进最新版的之前，国内广泛使用的是 1986 年以 WISC-R 为蓝本进行修订、中国化的韦克斯勒儿童智力量表中国修订版（Wechsler Intelligence Scale for Children-Chinese Revision，WISC-CR）（林传鼎，张厚粲，1986）。1989 年，龚耀先等（1999）提出的修订 WISC-R 的计划获湖南省卫生厅资助，由湖南医科大学主持，与全国 45 个单位组成协作组，于 1990—1993 年完成全部修订工作，从 1991 年制定全国城市常模起，便推广应用于全国。此次修订本具有城市和农村两套年龄常模，称为中国修订韦克斯勒儿童智力量表（Chinese-Wechsler Intelligence Scale for Children，C-WISC）（龚耀先等，1999）。在已经超期使用 20 多年后，张厚粲等（2008）主持对 WISC-Ⅳ进行引进，建立中国常模，完成 WISC-Ⅳ中文版的出版发行，该版量表适合我国儿童需要，具有良好的信效度和应用。

（四）基础研究应用与实践应用

WISC 是迄今为止最权威和应用最广泛的儿童智力量表之一。然而确定儿童智力的高低并不是该量表应用的最主要方面，而是发现儿童个体的优劣势，并提供有效的干预。目前 WISC-Ⅳ在临床应用上主要是用来诊断被试是否是：①天才儿童；②有发展性障碍、智力落后、学习障碍、多动症、言语障碍、自闭症；③有神经性损伤、外伤性脑伤等。WISC-Ⅳ被广泛应用于教育系统和心理评估系统，以更好地评估儿童认知能力的优势和劣势，妥善安置儿童，以及提供信息来制订有效的干预计划。

几十年来，WISC 对教育尤其是对特殊教育领域内各类儿童的测查、诊断、安置、干预和治疗一直发挥着极其重要的作用。国内外应用韦克斯勒儿童智力量表对特殊儿童进行的测查，涉及的儿童的障碍类别较为广泛，不仅包括智力落后、学习困难与学习障碍、注意缺陷多动障碍、自闭症、智力超常等，而且包括介于普通儿童和特殊儿童之间的边缘性障碍儿童。在上述测查中，研究者们结合实证调查的结果对该量表用于不同特殊儿童测查的适切性进行了不同程度的讨论，也强调了临床工作者应当对分量表得分做详细的分析和解释，而不应该一味地集中在全量表得分的高低上。

WISC-Ⅳ除了被临床工作者用来进行评估和临床诊断外，近年来在特殊儿童的鉴别和评估研究中也有一定的应用，使我国特殊教育工作者能够更好地应用该量表为特殊儿童服务。陈琳（2016）通过对已有文献的搜索，发现目前的研究可分为两种类型：其一为对 WISC-Ⅳ在特殊儿童中的应用情况进行理论研究，包括对各类型特殊儿童中的应用研究情况进行综述，或针对某单一类型的特殊儿童中的应用研究情况进行总结和分析；其二为具体的实践研究，即针对某类特殊儿童进行其他研究时使用了 WISC-Ⅳ中文版，包括智力超常儿童、注意缺陷多动障碍儿童、学习困难儿童、特发性性早熟儿童。

理论研究方面主要介绍了针对各类型特殊儿童使用 WISC-Ⅳ进行评估时的应用价值。例如曹洪健、周楠（2011）认为该量表已经广泛应用于不同障碍类型的儿童，并阐述了该量表在临床评估上述各类型特殊儿童时存在的大量适切性问题。臧玲等（2012）不仅总结了 WISC-Ⅳ在理论、常模、结构和内容等方面的新变化，而且指出该量表对于学习障碍的干预价值，即有助于引导教师和家长形成正确的观念、有利于进行针对性的认知加工训练、有助于为学习障碍儿童的教学干预提供指导。与此同时，理论研究还存着在以下问题：一是理论研究数量较少，这一问题不仅可能与目前新版本的 WISC－Ⅳ 的推广使用还不够广泛有关，也可能与特殊儿童在应用该量表的研究数量较少有关；二是在上述研究中对国内研究情况总结的较少，大部分内容为国外研究者的研究结果，而 WISC－Ⅳ 中文版在特殊儿童评估中是否存在相同的问题或使用的价值是否一致还需要进一步的研究才能得到验证。

与理论研究相比，实践研究相对更加丰富和充实。第一，应用对象范围广泛。新版本继续在超常儿童、学习困难儿童、注意缺陷多动障碍儿童等的实践性研究上发挥作用，这些特殊儿童类型在旧版本就已受到实践关注。例如，李毓秋（2009）对智力超常儿童的分数模式及其认知特性进行研究，刘小珍（2010）首次利用中文版 WISC－Ⅳ 对学习困难儿童的认知特征进行研究，周炜等人（2011）对学习困难儿童、注意缺陷多动障碍儿童进行研究。同时，新版本还在特发性性早熟儿童的研究中得到应用，如邓芳（2011）在儿童特发性性早熟环境危险因素及其身心发育分离研究中，也利用了中文版 WISC－Ⅳ 检验被试的认知功能发育。第二，应用领域广泛。新版本不仅应用于教育和心理领域，还涉及医学领域，不仅可以描述儿童的总体认知特征，还可以确定儿童认知的优势和弱势，在评价认知的结果中还可以考察认知的过程。林文璇等（2012）探讨了 WISC－Ⅳ 在注意缺陷多动障碍（ADHD）儿童智力结构分析中的应用，使用 WISC－Ⅳ 中文版测量 ADHD 儿童和正常儿童的智力分布和结构特点并进行比较。结果发现，ADHD 儿童的总智商及 4 个合成指数的得分均较正常儿童低，差异有统计学意义（$p < 0.05$），这表明 WISC－Ⅳ 应用于 ADHA 儿童的临床诊疗工作中能显示出一定的优势和特点，提示在临床工作中可以进行针对性的辅导和训练。张慧敏（2019）通过 WISC－Ⅳ 中文版评估癫痫儿童认知功能结构及分布特征，并探究影响癫痫儿童认知功能特征弱势的相关因素。从具体结果分析发现，癫痫组儿童在总智商、言语理解指数、知觉推理指数、工作记忆指数、加工速度指数、一般能力指数、认知效率指数及 10 个核心分测验上的得分均显著低于对照组儿童，且差异均具有统计学意义（$p < 0.05$），并在认知效率指数方面得分较低，尤其是加工速度指数的得分。因此，通过应用 WISC－Ⅳ 来评估癫痫儿童的认知功能结构特征，能够直观地发现患儿的优弱项，不仅有益于临床专科医生诊断及选择针对性治疗方案，而且可为癫痫患儿家庭是否为患儿选择特殊教育、实施早期认知干预提供客观的决策依据。

另外，陈琳（2016）指出在特殊儿童的应用研究方面，研究者都比较关注WISC-Ⅳ中文版在特殊儿童认知特性上的评估，也得出了一些对其他研究者有参考价值的研究结论。但从整体而言，WISC-Ⅳ中文版在实践研究中大多属于辅助工具，并非研究的主要工具；同时，未在某一类型特殊儿童的研究上形成规模，因此很多研究还可以进行后续的相关研究。

四、韦克斯勒幼儿智力量表（WPPSI）

（一）简介及发展历程

鉴于学龄前儿童评估的需求日益增长，韦克斯勒于1967年开发出了针对幼儿的智力测验工具，即韦克斯勒学龄前儿童和学龄初期儿童智力量表（Wechsler Preschool and Primary Scale of Intelligence，WPPSI）。为了方便理解，国内一般称之为韦克斯勒幼儿智力量表。它和之前已经完成的成人智力量表和儿童智力量表一起，成为智力测验发展史上又一新的里程碑。三者既相互独立，又彼此联系，且适用的年龄范围广，从幼儿到成人，成为一套比较完整的智力量表，为国际所推崇。当评定一个幼儿的认知能力，伴随着年龄的增长需要重新评定时，另两个测试即可应用衔接，这样不仅可以描述智力发展水平，也可将前后同种能力进行比较。由于医学和教育工作的实际需要，针对各年龄的不同的智力测定方法在国内正被日益采用（朱月妹等，1984）。

自最初的版本问世以来，WPPSI已分别于1989年、2002年和2012年进行过三次修订，目前最新版本是第四版，即WPPSI-Ⅳ。最初的WPPSI是作为4~6岁儿童的智力测量工具开发的，它一共拥有11个分测验（语言测验：类同、常识、算术、词汇、理解、背数；操作测验：填图、排列、积木、译码、迷津），这些都保留在第二次修订之中，即WPPSI-R中。相比最初版来看，WPPSI-R将年龄范围扩大为3岁到7岁3个月，并新增了一个分测验——对象组装。尽管如此，由于它采用了言语智商（由常识、词汇、类同、理解和算术构成言语分测验）与操作智商（由动物房、填图、拼图、积木和迷津构成非言语分测验）的测量结构，有学者认为其无法对智力的结构做出说服力的证明，并且这种划分也不符合幼儿智力活动的情形（李毓秋，2012）。WPPSI-Ⅲ对上述不足进行了修正，更新了部分分测验，并且更新了量表结构，例如增加了一些分测验——矩阵推理、图片概念、单词推理，以增强流体推理能力的衡量。此外，WPPSI-Ⅲ还借用了儿童智力测验中的处理速度，并将其作为一个新的分测验（符号检索和译码）。同时，测量年龄进一步被更正，分为2岁6个月到3岁11个月和4岁到7岁3个月来施测，因为在此涵盖的年龄范围内，幼儿的认知能力和发育状况发生了显著的变化（Gordon，2004）。而最新版本的 WPPSI－Ⅳ 中，继续沿用了这种分测验的手段，并且用不同的合成分数对幼儿的智力进行评估，年龄已经最高拓展到 7 岁 7 个月。其主要的更改包括删除分测验（删除了单词推理、图片完成、符号搜索和编码）、添加新的分测验（新增了图片记忆、昆虫寻找、动物园位置、取消和动物编码）以及修改分测验内容、管理和评分（Wechsler，2012）。新的改变使得对幼儿智力的测量与当前智力理论和认知理论紧密结合，并且它的结构与其他两个智力测试的主要领域一致，使得分测验能够更加清晰地测量幼儿的言语和非言语能力，对智力的测量更加符合心理学理论的发展（Niileksela & Reynolds，2019；李毓秋，2012）。

（二）WPPSI－Ⅳ 的内容、常模、信度、效度

1. 内容

WPPSI－Ⅳ 包括 3 个特定类型（核心、补充或可选）的 14 个不同的分测验。如上文介绍的 WISC 一样，核心分测验被用来计算言语智商、表现智商和总智商，补充和可选分测验提供有关认知能力的其他信息，补充分测验可在核心分测验不适用的时候作为替代，而可选分测验则不能作为替代（Wechsler，2012）。如上文所述，为了适合不同年龄段幼儿的认知发展特点，WPPSI－Ⅳ 分为两个年龄段来施测。施测结果包括总智商、主要指数和辅助指数。2 岁 6 个月至 3 岁 11 个月的幼儿的总智商，由言语理解、知觉组织和工作记忆 3 个合成分数构成，而 4 岁至 7 岁 7 个月幼儿的总智商，则由言语理解、知觉组织、流体推理、工作记忆和加工速度 5 个合成分数构成。在主要指数和辅助指数方面，二者也有明显的差异，2 岁 6 个月至 3 岁 11 个月的幼儿的主要指数和辅助指数都是 3 个，而 4 岁至 7 岁 7 个月的幼儿则有 5 个主要指数和 4 个辅助指数。WPPSI－Ⅳ 中生动活泼的测验内容取材于幼儿的活动内容，非常适合幼儿的认知活动特点，有助于获得和保持儿童的合作和参与，这也使得该量表对于幼儿认知能力的测量更加精确和可靠，成为幼儿认知能力评估和临床应用的有效工具（李毓秋，2012）。

2. 常模

《WPPSI－Ⅳ 技术和解释手册》对 WPPSI－Ⅳ 的标准化样本进行了阐述：它基于 1700 名 2 岁 6 个月到 7 岁 7 个月的幼儿的分层比例抽样，关键人口变量有年龄、性别、种族、父母受教育水平和地理区域等，研究人员将这 1700 名幼儿分为 9 个组别，并称该样本特征与 2010 年美国人口普查的数据相吻合，一些特殊的会影响到测验结果的个体被排除在外。分测验得分范围为 1～19 分，该样本

平均分为 10 分，标准差为 3 分；综合得分范围为 40～160 分，平均得分为 100 分，标准差为 15 分。依据该样本测验结果，研究人员公布了评分标准：低于 70 为智力缺陷，70～79 为临界智能不足，80～89 为中下，90～109 是平均值，110～119 是中上、聪慧，120～129 是优秀，130 分以上是非常优秀（Wechsler, 2012）。

3．信度

目前 WPPSI－Ⅳ采用了 3 种方式来评估测量的信度，分别是内部一致性信度、重测信度和评分者信度。用分半相关计算内部一致性系数（注：昆虫寻找、取消和动物编码除外），综合评分的 9 个年龄组的内部一致性系数为 0.95～0.96，指数得分的内部一致性系数为 0.85～0.96，子测验得分的内部一致性系数为 0.71～0.95。WPPSI－Ⅳ的设计研究人员针对 3 个年龄段的 172 名幼儿进行了重测，前测和后测之间的时间间隔是 7 天到 48 天，平均间隔为 23 天，综合评分的重测信度为 0.88，指数得分的重测信度为 0.78～0.88，子测验的重测信度为 0.69～0.81。所有标准化样本记录表均由两个独立的评分员进行了双重评分，由于大多数子测试都包含简单客观的评分，因此评分者之间的总体一致性很高，评分者信度达到 0.98～0.99（Wechsler, 2012）。综上所述，WPPSI－Ⅳ表现出良好的信度，测验结果的可靠性得到保障。

4．效度

研究表明，WPPSI－Ⅳ与其他的智力量表有很高的相关度。例如，它与 WPPSI－Ⅲ的相关性系数为 0.65～0.86，与 WISC－Ⅳ的相关性系数为 0.55～0.84，与 Bayley－Ⅲ（贝利婴幼儿发展量表，包含智力、运动、社会行为 3 个分量表）的相关性系数为 0.20～0.72（Wechsler, 2012）。综合得分的相关性反映了良好的测量效度。此外，研究人员还计算了两个年龄组的亚测试的相关性，结果也都是在中等偏高的。准化期间，研究者还进行了一些特殊的小组研究，以提高该工具的临床效用。这些研究包括智力残疾、发育迟缓、语言障碍、运动障碍、多动症和天才儿童等，研究结果被收录在 WPPSI－Ⅳ技术与解释补充手册内，提供了支持其在特殊人群中使用的效度证据（Wechsler, 2014）。综上所述，WPPSI－Ⅳ表现出良好的效标效度，测量结果能在一定程度上很好地反映测量对象的真实特征。

（三）中国化历程

早在 1981 年，朱月妹等就在上海地区对 WPPSI 进行了测试，在保留韦氏量表的本色（结构和难易程度）的同时，在适合我国幼儿习惯的原则指导下增删和调整了部分内容，得到了其在上海地区的常模，并对其信度（包含项目信度、重测信度、主试间信度）和效度（以斯坦福－比奈、绘人试验和词汇图片测验量表为效标）进行了检验。结果表明，这一量表同样能有效地评价中国学龄前儿童的智力发展水平（朱月妹等，1984）。之后，戴晓阳和龚耀先等试图编制一套有全国常模的幼儿量表，于是他们决定在长沙地区先取得经验，在以 WPPSI 为蓝本的同时，在编制的策略上做了重大修改，增加了测验的趣味性，简化了实测方法，缩短了实施时间，实施方法加重形象化和操作形式，使其更能适用我国儿童智力发展的规律，最后制定了"长沙－韦氏幼儿智力量表"，这便是以后沿用较久的"中国－韦氏幼儿智力量表"的前身（戴晓阳等，1986）。由于长沙－韦氏幼儿智力量表存在部分测验信度偏低和上限不太令人满意的缺点，为了使该量表能过够代表更广的地域和克服上述缺点，龚耀先等在该量表的基础上编制了中国－韦氏幼儿智力量表（C－WYCSI），此项工作由全国 64 个单位协作，全国取样。与 WPPSI 相比，为适合我国的文化背景，约 2/3 的测验项目做了变换。考虑到我国城乡之间的显著差异，该量表分为农村和城市两个版本，同时均通过了信度和效度的检验（龚耀先等，1988）。随着心理学的发展和智力理论的进展，最初的版本在结构和内容上的不足也渐渐凸显。目前，由美国培生公司授权、李毓秋主持修订的 WPPSI－Ⅳ中文版已向全国推广，这是中文版的最新版本。

（四）基础研究应用与实践应用

因为基础研究更加强调对于现象或事实的认识，而 WPPSI 以及它的不同版本主要考虑其作为一种测量手段的效用，所以在研究上普遍侧重于它的实践应用功能。在基础研究应用方面，一个可能的方向是就其本身进行探讨。例如，有研究者将 WPPSI－Ⅲ与 S－B₅ 进行了对比研究，以探讨测量工具的偏好是否会影响到测量结果（Garred & Gilmore，2009）。有研究者描述了出现在 S－B₅、WPPSI－Ⅳ、WISC－Ⅴ和 WAIS－Ⅳ中的子测试的来源（Gibbons & Warne，2019）。还有一个研究方向在于用来评估智力的差异性表现，如 Walter 等（2020）主要利用 WPPSI－Ⅳ探讨了在幼儿阶段认知能力的性别差异。

目前应用该量表的实践主要包括以下几个方面：①对幼儿的认知能力进行全面的评估与鉴定；②作为智力天赋评估的一种方式，私立学校和一些有天赋要求的项目经常要求将 WPPSI－Ⅳ作为申请和筛选的程序的一部分；③识别认知延迟和学习困难，为辅导及干预提供信息；④关注认知能力的内部差异，为个别化教育方案提供证据，其经常被用在教育领域；⑤为一些医学或理论研究提供临床上的证据，如有国外研究者讨论了新生儿和幼儿服用普萘洛尔（治疗小儿血管瘤的首选药物）对其认知功能和记忆功能的影响，所采取的评估工具就是WPPSI－Ⅳ（Gonzalez－Llorente，et al.，2017）。还有学者利用WPPSI－Ⅳ研究了学龄前运动与认知发展的关系（Jascenoka，et al.，2018）。综上所述，WPPSI－Ⅳ的应用范围十分广泛，应用前景广阔，非常适用于对幼儿认知特点进行评估，对幼儿认知能力的特点及其发展水平进行分析，针对认知能力发展中的不足及早提供帮助，及时进行训练和干预。

五、不足与展望

尽管韦氏智力量表在全世界范围得到了广泛应用，受到了众多学校心理学、儿童心理学和临床心理学专家的好评，但是它仍然存在着不足之处：第一个不足之处是子测试大多是在缺少指导理论或理解大脑如何工作来解决问题的情况下创建的，通常不清楚现代智力任务是如何引导考生使用他们的心智能力来回答考试项目的（Gibbons & Warne，2019）。第二个不足之处是它的3个独立本的衔接欠佳，表现在同一被试者用两个相邻量表如WAIS和WISC测验时，其智商水平在WAIS的系统性高于WISC。第三个不足之处在于它的测验程序复杂烦琐，测量起点过高，难以对低智商儿童做出清楚的解释（郭念锋，2005）。例如虽然简化版的韦氏儿童智力量表已经在测查时间上大大减少，但实测过程中主试操作的复杂性却仍然不可小觑，这可能会在一定程度上制约韦氏儿童智力量表在特殊教育临床领域内进一步发挥更大的效用。此外必须承认这种智力测验评估的局限性，其测验结果会因各种因素，如练习、时间、地点、施测人员等的影响而发生改变，对同一类特殊儿童检查结果的稳定性程度不高，这种缺乏稳定性的测验结果很可能会在临床实践中导致教育者的无所适从。

智力测验是能力测验中一种最主要的类别。历史上第一个心理测验就是智力测验，从1905年发表的比－西量表到后期更加科学的韦氏智力量表，智力测验已经发展为国际上使用最广、数量也最多的一种心理测验。智力测验有各种形式，有语言的，也有非语言的，包括图形的、操作的等；有诊断用的，也用筛选用的；有个体实施的，也有团体实施的；有专门用于儿童的，也有能用于各种成年阶段的。目前，正如我们之前介绍的那样，韦氏智力量表在不断地更新迭代。其修订过程中使用了来自多条研究和实践路线的证据，包括智力的结构模型、特定能力的模型、临床效用和神经心理学理论等（Niileksela & Reynolds，2019）。与最初的版本相比，其适用性与效用也逐渐得到提升，经受住了众多批评家与时间的考验。与欧美等国家广泛的应用不同，韦氏智力量表在中国目前仍然小众化，但是鉴于它在智力测验中的出色表现及其应用，尤其是人们开始意识到智力对于个体发展的重大意义，期待它在以后不断完善修正，为国内相关研究与应用做出卓越贡献。

第二章　人　格

第一节　成人依恋量表

本节首先从依恋理论的具体概念出发，详细地介绍了成人依恋的理论学派和发展历史以及各理论之下的成人依恋类型。在研究成人依恋的测量与发展中，进一步对成人依恋的各种测量工具的优缺点进行了概括，并对广泛使用的成人依恋量表进行了具体的研究，即介绍其条目、因子特征和信效度。同时选取了具有代表性的亲密关系经历量表（Experience in Close Relationships，ECR）进行重点介绍，在它的编制、施测和应用上进行了细致的梳理。接着从 ECR 中文版的发展出发，明确其中国化的历程。最后，在基础研究和实践应用等方面进行相应的拓展，形成了对成人依恋测量研究的系统总结。

我们生活在一个群体社会中，与他人的依恋关系会影响到人们的生理、心理和社会各个方面。在我们的日常生活中，不同的人与周围的人相处会有着十分不同的风格，例如有的人可以很轻易地同周围的人发展成亲密关系，但同时又不缺少独立性，他们可以从人际交往中收获愉悦，且独自一人时也不会产生孤独感；有的人却总是在亲密关系中感到不适，他们焦虑痛苦，无法亲近又想要依赖。依恋关系的研究对个体的人际交往和心理健康有着积极的实践和应用价值，对促进我国心理学、教育学和心理治疗有着重要的意义。

心理测量是指依据一定的心理学理论，使用一定的操作程序，给人的能力、人格及心理健康等心理特性和行为确定出一种数量化的价值。成人依恋的心理测量从依恋的经典理论出发，围绕形成依恋的模式原因，在此基础上形成的量表，通过科学、客观、标准的测量手段对人的特定素质进行测量、分析、评价，并确定其如何受到影响而反之以及其特征表现。这里所说的素质，包括感知、技能、能力、气质、性格、兴趣、动机等个人特征，最终划分出依恋类型，从更便捷的方式出发，广泛作用于相关研究和应用于各个领域。

一、引言

（一）成人依恋的相关概念与发展历程

依恋是一种心理结构和心理过程，它可以描述为儿童渴望和需要与某个个体保持长期的、持续的亲近，以获得安全和舒适的一种情感连接，它是儿童早期生活中的最重要的社会关系，是个体社会性发展的开端和人生经历中的重要组成部分。研究者们认为，童年的依恋经历会在成长的过程中形成个人内部独有的心理工作模式或心理表征，如果在成长过程中亲子互动关系没有改变，它会影响到成年后亲密关系的建立、人际社会功能的表达和人格功能及人格特质的形成。

成人依恋研究从最初的依恋研究开始，先经历了较长的儿童依恋，再到青少年依恋，而后发展到成人依恋。各个理论家对成人依恋的定义也不完全相同。Main 定义成人依恋是指成人关于童年期与父母关系的记忆和心理表征。Bernan 与 Sperling 则认为成人依恋是指个体寻求和保持能够为其生理和心理提供稳定感和安全感的依恋对象的一种个体倾向。这种稳定的倾向是由依恋内部工作模式所调节，这些基于个人在其人际世界中的认知—情感—动机的模型中。

综上所述，目前对于成人依恋的定义一般分为两类：一类从情感角度，认为成人依恋是个体与他人稳定的情感联结；另一类从认知角度，认为成人依恋是成人对其童年依恋经验的记忆和评价。

成人依恋研究的发展历程最早起源于婴儿依恋。弗洛伊德在对精神病人的临床观察基础上提出：个体在童年期所形成的亲子关系会成为其此后一生所成长和发展出的各种人际关系的原型。父母尤其是母亲对婴儿的喂养及喂养时母亲与婴儿相处的方式决定着婴儿的依恋性质。早期的精神分析学派认为依恋是在婴儿先天的自我关注和自恋上发展起来的，后期的精神分析学派更加强调人的社会性。但当时依恋理论仅限于母婴依恋的研究领域。确实，20 世纪 70 年代的研究发现，母亲自身的早期依恋体验会影响他们照看孩子时的敏感性程度，并由此对孩子的依恋安全性产生影响。

1953 年，爱因斯沃斯对婴儿依恋开展研究。她在乌干达招募了 26 个有未断奶的 1~24 个月大婴儿的家庭并进行定期观察后发现，一类母亲对婴儿行为的细微差别似乎没有察觉，而另一类母亲能自发地出色捕捉到婴儿相关的信息和细节，后者被认为是高敏感性的。研究人员观察了三种婴儿依恋模式：安全型依恋的婴儿很少哭，在母亲面前似乎乐于探索；缺乏安全感的婴儿经常哭泣，即使是在被母亲抱着的时候，也很少去探索；还没有依附的婴儿对母亲（即在与不在）没有表现出不同的行为。并且，安全依附与母亲敏感性显著相关。高敏感性的母亲的孩子倾向于安全型依恋，而低敏感性的母亲的孩子则更倾向于缺乏安全感。1963年，爱因斯沃斯在巴尔的摩进行了第二个自然观察项目，她招募了26个产前家庭参加。从婴儿出生第一个月至第54周，研究者一共家访18次，每次探视约4小时。观察以叙述报告的形式记录。该研究单独分析了喂养状况，面对面的互动、哭、亲密接触等行为。与在乌干达的研究结果一致，高敏感性的母亲与婴儿的关系更融洽，相处更顺利。

而确切提出依恋这一概念的则是依恋理论的创始人之一——英国的心理学家约翰·鲍比（John Bowlby）。1969年，他在习性学的基础上整合了精神分析理论、信息加工理论与控制论，创立了依恋理论。依恋理论最初是针对婴幼儿与其母亲的关系的。Bowlby通过几篇代表性的论文，在行为学和发展心理学概念的基础上，结合爱因斯沃斯等研究者的发现，正式提出了依恋理论。在《母婴纽带的本质》中，Bowlby提出了成分本能反应理论：0~1岁的婴儿的依恋行为是由很多本能反应成分（吮吸、依附、跟随、微笑、哭泣等）构成的，并在6个月后聚焦于母亲形象，此时依附和跟随更重要。在《分离焦虑》中，Bowlby在哈洛的恒河猴母性剥夺实验以及其他研究者的开创性工作的基础上，提出了传统理论所不能解释的婴幼儿对母亲的强烈依恋，以及他们对分离的剧烈反应。他认为过度的分离焦虑是由不良的家庭经历造成的，比如受到来自父母的反复抛弃或拒绝的威胁，或是父母或兄弟姐妹的疾病或死亡，而孩子觉得自己对此负有责任。而部分孩子分离焦虑过低或者完全不存在，给人一种成熟的错误印象，其实是由于防御形成的伪独立。这些观点也影响了爱因斯沃斯的依恋类型创设。在《婴儿的悲伤和哀悼》中，Bowlby提出，当依恋行为已经被激活后，失去亲人的婴幼儿会感到悲伤，如果之后的替代照顾者过于频繁，会导致其无法与他人建立深厚的关系。之后，Bowlby及其他研究者对依恋理论不断做出发展和完善。

关于依恋关系的发展阶段，Bowlby将其分为前依恋期、依恋关系建立期、依恋关系明确期和目标调理的伙伴关系4个阶段。尽管婴儿最初几乎不加区分地向所有看护者发出亲近信号，但这些行为越来越集中于那些对婴儿的哭泣做出反应并与婴儿进行社交互动的主要人物。一旦依恋关系形成，行动的婴儿能够将依恋对象作为探索环境的安全基础，并作为放心返回的"安全港"。婴儿的依恋对象在这个角色中发挥的作用取决于其与婴儿的社交互动的质量，尤其是依恋对象对婴儿信号的敏感性，尽管婴儿的遗传因素也起着作用。

1982 年，Bowlby 又提出了个人通过人际互动模式发展出的内部工作模式。例如关于自我的内部工作模式，如果依恋对象承认婴儿的舒适和保护需求，同时又尊重婴儿对环境进行独立探索的需要，则婴儿就很可能会发展出一种关于自我的内部工作模式，即自己是有价值和能自力更生的人。相反，如果父母经常拒绝婴儿的舒适或探索的需要，孩子很可能会构建一种关于自我的内部工作模式，即自己是没有价值或无能的人。自此之后，越来越多的研究者开始倾向于将对婴幼儿的依恋研究扩展至青少年和成人。

通过进一步的研究，Main 和 Kaplan 等提出假设：成人对其早期依恋经验的回顾，以及这些早期经验对于当前心理和社会功能影响的评价，会成为一种与依恋相关的相对稳定的心理状态。Hazan 和 Shaver（1987）提出成人婚恋关系中的情感联系也可以被理解为一种依恋关系。他们认为，婚恋依恋关系不同于亲密关系，是自然选择的产物。Hazan 和 Shaver 在 1987 年发表的《浪漫的爱可以看成是依恋过程》是成人依恋研究开始的标志，他们认为成人依恋是个体与当前同伴之间形成的一种长期而持久的情感联系。

总结前人的研究，成人依恋理论分为两派：一派是发展和认知学派，以 Main 为代表；另一派是人格和社会学派，以 Shaver 和 Brennan 为代表。这两派在对成人依恋的界定、分析重点上都存在差异。发展和认知学派将成人依恋定义为"与父母关系的记忆和心理表征"，侧重于分析个体在描述依恋经历时候的一致性；而人格和社会学派则将成人依恋定义为"个体与目前同伴的持续和长久的情感联系"，侧重于分析个体的认知、情感和更多与自我相关的行为表达。因此，发展和认知学派主要研究成人与父母的关系，而人格和社会学派则主要研究成人与成人之间的关系。

根据有关依恋类型的理论，成人依恋类型也有多种分法：①Bowlby 的分类是 3 种不安全依恋类型：强迫给予照顾型——通过取悦和满足别人的需要来获得他人的接纳；强迫寻求照顾型——来源于童年期处于一种害怕丧失或被遗弃状态；自我依赖型——把自我从他人身上转移开，以避免被亲近。②AAI 量表的四分法。George，Kaplan 和 Main 运用成人依恋访谈法（Adult Attachment Interview，AAI）将成人依恋分为 4 种类型：安全-自主型，对早期依恋关系有恰当一致的看法；不安全-冷漠型，对早期依恋关系的回忆与评价常常与事实相抵触；不安全-专注型，对早期依恋关系有矛盾不一致的看法；不安全-不确定型，在依恋关系中有创伤性情感体验。③其他四分法分别是：安全、先占、拒绝、恐惧。安全型个体在人际关系中感到舒适，认为关系有价值；先占型具有焦虑和情绪化的特征；拒绝型的特征是崇尚独立；恐惧型的特征是焦虑、不信任和害怕拒绝。此外，也有学者将成人依恋分为安全型、痴迷型、疏离型和恐惧型，还有学者将其分为安全、焦虑、回避 3 种类型。

成人依恋与儿童依恋不同，成人依恋行为系统中依恋双方是交互作用的，即不像儿童依恋关系中有明确的依恋者（照顾者）和接受照顾者之分，因此成人依恋的交互作用更增加了成人依恋测量的难度（黄晓娟，李明，2014）。目前，国际上对于成人依恋的研究主要依靠测量工具的开发和使用。

（二）成人依恋测量工具

成人依恋访谈法（AAI）由 George，Kaplan 和 Main 在 1985 年共同设计，是迄今为止成人依恋研究领域最具影响力的测量方法，为半结构式访谈，由 18 个项目组成，需时 60 分钟。它是依据受访者对其童年时期回忆描述的一致性、合理性及可信度来对青少年和成人早期的依恋关系表征和心理状态进行测量，从而使得对依恋的研究从婴幼儿进一步拓展到了青少年和成人，促进了依恋模式代际传递问题的研究。

作为一种访谈法，AAI 是成人依恋研究方法学上的转折点，该访谈将研究焦点从人际间互动的外部世界，转向了心理表征的内在世界，标志着成人依恋的研究真正从行为层面上升到了认知表征的层面，开创了测量成人依恋的叙事传统。AAI 通过评价个体所回顾和描述的童年期依恋经验对其当前心理和社会功能的影响来确定成人的依恋模式和心理状态。

经研究验证，AAI 具有良好的稳定性，重测信度高，结构效度显著。AAI 的缺点是：由于研究者必须对受访者童年早期经验的描述进行逐字逐句的分析，导致该访谈法很容易受到访谈时间过长、受访者出于对自我的保护而隐瞒或改变对其童年早期经验的描述，以及部分受访者因历时过久无法确切回忆童年早期经验等因素的影响。

成人依恋调查问卷（Adult Attachment Questionnaire，AAQ）是由 Feeney 和 Noller 所设计的自陈问卷，与 AAI 一样，是对成人依恋类型进行评估。AAQ 前后共经历了三次修订，现在国际上常用的为 AAQ 3.1 版本。该问卷由 15 个分测验组成，共包含 90 个项目，重测信度中等，结构效度良好。有研究选取了 101 名被试进行 AAQ 和 AAI 的对比测试，发现 AAQ 和 AAI 的分类结果存在显著相关（$\chi^2 = 47.3$，$p < 0.001$，$k = 54$）。AAQ 的优点是比 AAI 更为简单，易于操作，并且可以直接将研究者本人的研究与他人的研究进行比较。因此，AAQ 是目前研究领域最常用的。

关系调查问卷（Relationship Questionnaire，RQ）是由 Bartholomew 和

Horowitz 设计的自陈问卷，需时 2～3 分钟，重测信度中等，结构效度良好。该问卷在 4 种类型上对成人依恋类型进行评估，并将这 4 种类型并入焦虑和回避这两个维度来对各种复杂的关系进行定位。这 4 种类型分别为：安全可靠型、拒绝疏离型、完全投入型、极端恐惧型。该问卷可以被重述，即由被试重述给其亲密的同伴和朋友以及这些同伴再重述给其他同伴来进行依恋评估。RQ 的优点是提出了焦虑和回避这两个维度，丰富了成人依恋测量工具的研究方法。

当前关系访谈（Current Relationship Interview，CRI）用于评估夫妻关系中的依恋模式。访谈要求受访者描述他们的夫妻关系，并提供以其伴侣作为安全基础并为该伴侣提供安全基础的示例。评分基于受访者所描述的行为，对与依恋相关的问题的思考（评估亲密和独立性），以及对于其伴侣的行为及其话语风格（愤怒、毁损、理想化、言语被动、对失去的恐惧和整体连贯性）的思考。

成人依恋投射（Adult Attachment Projective，AAP）用于探索成人的依恋模式，测验中向受访者展示 8 张依恋情境图，涉及疾病、孤独、分离、丧失、虐待以及一个中立的场景，以此激发受访者的依恋系统。受访者的叙述性描述被转录和编码。评估基于故事描述的 3 个维度，即话语、内容和防御过程。

30 项关系风格问卷（30－item Relationship Styles Questionnaire，RSQ）用于测量与自我或他人正面或负面模型相关的维度，量表共有 30 个条目，采用 5 点计分，涵盖的内容包括安全、回避、矛盾、亲密、焦虑和依赖性。问卷的依恋类型分安全、占有、害怕、拒绝 4 类。依恋维度包含自我模式和他人模式。

依恋风格问卷（Attachment Style Questionnaire，ASQ）用于测量亲密关系中的依恋状况。问卷包括 40 个条目，评分采用 6 点计分。包括 5 个子量表：对亲密的不适，对认可的需要，对关系的专注，把关系视为次要的（相比成就），以及缺乏自信。

依恋类型量表（Attachment Style Measure，ASM）是由 Hazan 和 Shaver 设计，为自陈量表，用于测量依恋类型，需时 2～3 分钟，重测信度为中等水平，结构效度良好。Hazan 和 Shaver 在该量表中将成人依恋类型分为安全型、回避型和期待型 3 类。

成人依恋等级量表（Adult Attachment Scale，AAS）是 Collins 等于 1990 年在 ASM 量表的基础上开发出的自陈量表。其主要用于将测量所得的成人依恋维度转换成成人依恋类型。Collins 在 1996 年对先前的 AAS 重新修订，使其更加适合于对成人亲密关系以及伴侣关系的评定。它共包含 18 个项目，需时 3～5 分钟，重测信度中等，结构效度良好。

亲密关系经历量表（ECR）是 Brennan 等于 1998 年将目前已有的 14 个成人依恋量表整合成一个共有 323 题的新量表，并用这个新量表对 1086 名大学生施测、筛选而得到的共有 36 题的量表。该量表是目前为止最为全面的成人依恋量表。

二、编制过程

Collins 在 1990 年将 AAS 划分为 3 个类别，分别为对亲近感到不适、对依赖感到不适和依恋焦虑，即亲近、依赖和焦虑 3 个分量表。鉴于依恋研究中涉及的问题范围不同，有必要确保成人依恋的测量尽可能精确。早期成人依恋工具将人分为离散类别。然而使用分类学技术的研究表明，成人依恋并不适合分类模型，将分类模型强加于依恋变异性可能导致概念分析、统计能力和测量精度方面的严重问题。

因此，相比分类模型，采用维度模型来测量成人依恋更加适合。当在不同的 AAS 版本中，对亲近感到不适和对依赖感到不适这两个分类之间都具有高度相关时，Brennan，Clark 和 Shaver（1998）主张将其合并为一个维度，命名为依恋回避。

在 1998 年的研究中，Brennan 等把所有可用的成人依恋自我报告的项目，以及一些仅出现在会议演示中的工具的项目进行了收集整合，包括 14 个成人依恋量表、60 个分量表，然后将所有的题目精简为 323 个项目，在 1086 名大学生中进行了施测。

Brennan 等对数据进行因素分析后，确定了两个相对正交的因子，标记为依恋焦虑和依恋回避。在 323 个项目中，两个因子负荷最高的 18 项被保留。而由此产生的 36 项成人依恋量表，被称为亲密关系经历量表（ECR），它是目前为止最为全面的成人依恋量表，也是使用最为广泛的量表。

ECR 具有两个维度：依恋回避和依恋焦虑。其中，依恋回避是指害怕亲密关系、对他人亲密和依赖感到不适，会寻求独立；依恋焦虑是指害怕被别人拒绝和遗弃。

4 种依恋类型就分别对应 2 个维度上的高低得分：安全型——低回避、低焦虑；迷恋型——低回避、高焦虑；恐惧型——高回避、高焦虑；冷漠型——高回避、低焦虑。

安全型的个体能获得更高的关系满意感，对于亲密行为感到舒服，更多地看到与恋人在一起的好处，尊重、信任恋人，同时也能够容忍恋人消极的行为；他们投入更多的努力去保持亲密关系，不回避婚姻和恋爱关系中出现的矛盾和冲突，并以乐观的态度和积极的方式来解决问题；他们对恋人的态度更加开放，更善于自我表露，坚信恋爱的长久。安全型个体的自我—他人工作模式都是积极的，不仅认为自己是值得爱的，还认为他人也是值得爱和信任的。因此，安全型的个体体验到较低水平的依恋焦虑和回避，更少担心与他人分离或者被他人抛弃。

迷恋型的个体对婚姻恋爱关系中度满意，在交往中，扮演依赖者的角色，需要他人的照顾；他们常常表现出对恋人的过分控制，从而导致恋人的疏远，恋人的疏远行为又会强化他们的不安全感和担心，他们为了寻求安全感，在交往中又会更加控制；他们难以坚信恋爱的稳定，容易为此焦虑。

恐惧型的个体对婚姻和恋爱关系最为不满，他们对恋爱进行灾难性的评估，从而导致永久的消极情感反应和冲突的升级；他们不愿倾听和处理恋人的烦恼，较少主动与恋人发生亲密的接触。

冷漠型的个体对婚姻恋爱关系中度满意，较少主动与恋人发生亲密的接触；他们回避情感的卷入、自我表露和相互依赖，压抑与依恋有关的想法和情感，逃避面对关系中的紧张和冲突；他们认为恋爱关系不必刻意维持也能很稳定。

在依恋焦虑和依恋回避两个维度中，任何一个或两个维度得分高的人都被认为有一个不安全的成人依恋取向。相比之下，依恋焦虑和回避水平低的人可以被视为有一个安全的成人依恋取向，即安全型依恋类型。

ECR 采用李克特七点计分法，从强烈不同意到强烈同意，计分方式上通常分别赋值为 1~7 分。同时，36 个项目中的 10 道题目为反向计分题，从强烈不同意到强烈同意分别赋值为 7~1 分。量表分数是通过从每个量表中取 18 道题目得分的平均分数来创建的，较高的分数表示更多的负模型。总得分越高，表示被试与该维度的符合程度越高。

进行 ECR 施测需要提醒受试者量表关注的是通常情况下在亲密关系中的感受，而不是目前的一段亲密关系中的感受。施测结束后，量表按照两个维度分别计分，其中反向记分题计算维度分之前需要先转换（如 7=1，6=2）。然后依照费舍尔线性判别公式计算依恋类型。最后得分最高的类型即为该个体的依恋类型。

4 种类型计算公式如下：

M1（安全型）$= A \times 3.2893296 + B \times 5.4725318 - 11.5307833$

M2（恐惧型）$= A \times 7.2371075 + B \times 8.1776448 - 32.3553266$

M3（专注型）$= A \times 3.9246754 + B \times 9.7102446 - 28.4573220$

M4（回避型）$= A \times 7.3654621 + B \times 4.9392039 - 22.22810880$

譬如，当 M1 大于 M2～M4 时，则为安全型。

AAQ3.1 版本采用五点等级计分，要求被试在五点等级（从"1"到"5"）上对每个问题进行不同程度的评分，"1"为"非常不同意此说法"，"5"为"非常同意此说法"。该量表共有 95 个项目，16 个因子，每 6 个项目构成一个分量表，共 15 个分量表，其余 5 项作为备选项目。在中文版的翻译和修订过程中，傅根耀等（2001）将其修改为 90 道题目，去掉了负荷"回忆"因子的题目。

三、测试及信效度验证

（一）ECR 的信度和效度

许多研究都表明，ECR 具有高度的内部一致性和重测信度，其中重测信度事件间隔一般为 2～4 周，间隔时间越长，稳定性系数越低。成人依恋类型量表在 3 周与 6 个月重测信度系数相仿，也就表明其性能较稳定。在其与效标关系的检验上，Lopez 和 Gormley 等的研究发现依恋回避与自我隐藏和个人问题、消极情绪及抑郁呈正相关，依恋焦虑与大学生样本中的社会自我效能感、情绪自我意识及基本心理需求满意度呈负相关，这都表明量表构想效度良好。

（二）ECR 中文版

ECR 在国外成人依恋研究领域得到了广泛应用，为了促进成人依恋研究在中国的开展，北京大学心理系李同归和日本九州大学人间环境学府加藤和生于 2006 年对 ECR 进行了中文版的修订，并通过对 371 名中国大学生进行 ECR 中文版的测试对修订后的量表的信度及效度进行了检验。从现有的文献来看，国内成人依恋研究领域普遍使用该量表。

在对 ECR 的中文版修订过程中，采用 36 条目的英文版量表，经英文版作者的同意后，经过 3 次翻译、回译、修改、再回译的程序，并对 5 名中国学生的小范围试测后再次完善，最终确定中文版量表。

该研究使用 MULTILOG 软件来进行结果分析。对修订后的 ECR 中文版的题目的鉴别力参数和难度参数，通过 MULTILOG 软件计算得出，在回避分量表中，α 和 β_1 的相关系数是 0.59，在焦虑分量表中，α 和 β_2 的相关系数是 0.61。对测验中 231 名正处于或者曾经处于恋爱中的被试结果进行数据分析，结果得出 ECR 中文版在依恋焦虑和依恋回避 2 个分量表上的 Cronbach's α 系数分别为 0.77 和 0.82，表明该量表具有良好的内部一致性，四周后的重测信度分别为 0.72 和 0.71，结果也较为理想。

根据 Bartholomew 等人的理论，依恋焦虑和依恋回避与自我模型和他人模型会有负相关，见表 2-1。关系量表（RQ）可以测量在亲密关系中存在的成人依恋类型，并通过自我模型分量表和他人模型分量表来确定被试的自我模型类型和他人模型类型。为检验构想效度，通过方差分析比较了 RQ 与 ECR 中文版在依恋类型和维度上的差异，通过相关分析比较了 RQ 测到的自我模型与他人模型同 ECR 中文版的两个维度上的相关。ECR 的焦虑分量表与 RQ 的自我模型分量表（$r=-0.44$，$p<0.01$），以及 Rosenberg 的自尊量表（$r=-0.22$，$p<0.05$）均有显著的负相关。同时，ECR 的回避分量表和 RQ 的他人模型分量表（$r=-0.58$，$p<0.01$），以及他人观量表中的"他人是支持性的"分量表（$r=-0.14$，$p<0.05$）之间也有显著的负相关。

表 2-1　ECR 中文版与自我模型和他人模型量表的相关系数

与自我模型相关的测量	分量表	ECR 中文版	
		依恋焦虑	依恋回避
Rosenberg 自尊测量（1965）		-0.22^{**}	-0.08
关系量表（1991）	自我模型	-0.44^{**}	-0.18
Rosenberg 自尊测量（1965）	他人是支持性的	-0.07	-0.14
关系量表（1991）	他人模型	0.19	-0.58^{**}

注：** $p<0.01$，下同。

因为 RQ 和 ECR 之间本身就有其内在的相关性，上述的证据还不足以说明 ECR 的两个维度与我们平常所说的社会焦虑和社会回避有较强的相关。为检验效标效度，李同归等采用社交回避与苦恼问卷（SAD）、状态与特质焦虑问卷（STAI）、中文版 ECR 以及与自己恋人行为相关的两个问题，对恋爱中的 22 对大学生被试进行了测试。所有问卷均为 7 点量表。每对恋人被要求一起来到实验室，然后被分到不同的小房间里独立填写问卷。通过 STAI 计算社会回避、社会焦虑指标，通过 TAI 计算状态焦虑、特质焦虑，并分别计算以上指标同 ECR 中文版的两个维度之间的相关系数，结果见表 2-2。

表 2-2　ECR 的两个维度与各效标得分之间的相关系数（$n=44$）

维度	状态与特质焦虑		社交回避与苦恼		恋人评定结果	
	SAI	TAI	社会回避	社会焦虑	回避	焦虑
依恋回避	0.19	0.22	0.28*	0.17	0.50**	0.13
依恋焦虑	0.46**	0.37*	0.18	0.35*	0.18	0.34*

注：SAI 是指状态焦虑得分，TAI 是指特质焦虑得分。

由表 2-2 可知，ECR 中文版具有良好的效标效度：其依恋焦虑维度的得分与 STAI 的两个焦虑指标之间都有显著的正相关（SAI：$r=0.46$，$p<0.01$；TAI：$r=0.37$，$p<0.05$），与 SAD 量表中的社会焦虑也呈正相关（$r=0.35$，$p<0.05$），同时与恋人评定的焦虑得分也有显著的正相关（$r=0.34$，$p<0.05$）；相应地，ECR 的依恋回避维度与 SAD 的社会回避得分（$r=0.28$，$p<0.05$），以及恋人评定的回避得分（$r=0.50$，$p<0.01$）也有显著的正相关。除了状态与特质焦虑问卷（STAI）、社交回避与苦恼问卷（SAD）外，也把恋人们互相评价结果作为效标。

结果表明，该量表的中文版具有较好的信度（内部一致性和重测）以及效度（构想效度和效标效度）。修订后的 ECR 中文版可用于中国的成人依恋测量研究。

（三）青少年依恋测量

在成人依恋测量领域应用广泛的 ECR 用于青少年时同样表现出良好的信度和效度，因此研究者们常把其作为测量青少年依恋的常用工具。

依恋焦虑分量表的内部一致性系数为 0.91，依恋回避分量表的内部一致性系数为 0.87。计算依恋焦虑和依恋回避两个分量表中每个项目得分与分量总分的相关性，结果显示：依恋焦虑分量表 18 个项目与分量表总分的相关系数为 0.51~0.74，且相关显著；依恋回避分量表 18 个项目与分量表总分的相关系数为 0.44~0.66，且相关显著；依恋焦虑总分与依恋回避总分没有显著相关（$r=0.04$，$p=0.31$），表明是两个不同的维度测量。两周后的依恋焦虑分量表的重测信度为 0.76，依恋回避分量表的重测信度为 0.72。

从 36 个项目中抽取 2 个可解释的有效因子进行探索性因子分析，方差解释率为 40.78%。对量表的 2 因子（依恋焦虑和依恋回避）模型进行验证性因子分析，结果显示，主要拟合指标中卡方比 $\chi^2=1.57$，TLI$=0.95>0.90$，CFI$=0.95>0.90$，SRMR$=0.04<0.05$，RMSEA$=0.03<0.08$，符合拟合标准，具有良好的拟合度。

以儿童社交焦虑问卷和自尊量表作为效标，检验 ECR 中文版的效标关联效度。结果显示，依恋焦虑维度得分与社交焦虑总分显著正相关（$r = 0.22$，$p < 0.001$），依恋回避维度的得分与社交焦虑总分显著负相关（$r = -0.34$，$p < 0.001$）；依恋焦虑维度得分与自尊总分显著负相关（$r = -0.18$，$p < 0.01$），依恋回避维度的得分与自尊总分显著正相关（$r = 0.28$，$p < 0.001$）。

四、成人依恋量表的研究应用于未来发展

（一）基础研究

个体的依恋模式对个体的人际关系发展、人格发展都有重要影响，由此对个体的心理健康也有重要影响。ECR 作为广泛使用的成人依恋量表，被用于许多探讨人格、情绪情感、压力应对和精神疾病等与依恋之间关系的研究。其主要划分为人格和病理两方面。其中，人格方面包括人格特质，如自尊；人格发展、与他人关系发展等，如认知和情感方面。病理方面包括各功能的病理类型，如人格障碍。

依恋维度被发现与自尊、表现力、工具性、对他人的信任、对人性的信念和爱的风格有关。因此，人格方面常常用于对 ECR 的效度检验，如依恋焦虑和依恋回避是否与自尊有显著相关、正相关或负相关；ECR 也常被用来证实相关依恋理论等。

在一项大学生成人依恋及社会自我效能感、自我表露、孤独和抑郁相关的研究中（Doinita，2015），研究者为依恋焦虑、依恋回避、社会自我效能感、自我表露舒适和抑郁的每个潜在变量创建了 3 个观察指标。同时为了创建这些测量变量，首先对每个尺度进行探索性因子分析，使用最大似然法提取单个因子；然后根据它们因子负荷的绝对大小对项目进行排序，并依次将三个项目从最高到最低的负荷分配给三个指标中的每一个，以使每个指标在各自的因子上的平均负荷相等。

研究者假设依恋焦虑会通过社交自我效能中介导致孤独和随后的抑郁，而依恋回避则会通过自我表露。研究结果表明，依恋焦虑通过社会自我效能感促进孤独（和随后的抑郁），而依恋回避通过自我表露的舒适促进孤独（和随后的抑郁），这些中介效应甚至在控制了最初的抑郁水平之后还会发生，符合研究者所做的假设。

社会自我效能感是依恋焦虑与孤独和随后抑郁之间的中介，这一发现支持了研究者的假设，即具有高依恋焦虑的新入学大学生在社交自我能力方面能力较差。与依恋理论一致，高度依恋焦虑的个体往往具有自我的消极工作模式并

可能感知到较少的自我效能，而高度依恋回避的个体往往是强迫性的自力更生并很可能报告高水平的社会自我效能。

自我表露是新入学大学生在依恋回避和孤独感之间的独特中介，这一结果与依恋理论是一致的，因为高度依恋回避的个体很可能期望当他们披露自我时其他人对此不做出反应。而具有高度依恋焦虑的个体期望对他人过度夸大他们的痛苦感受，以获得特别关注。

在精神病学领域，一项关于双相情感障碍的研究中，为了探讨双相Ⅰ型、Ⅱ型和循环性情绪障碍性患者依恋差异，对 90 名患有双相情感障碍或循环性抑郁症的门诊病人（男女各 45 人，年龄介于 18～65 岁）使用 ECR 量表进行测量。结果显示，3 组患者的 ECR 焦虑评分不同，其中双相Ⅰ型患者的焦虑程度最高，其次为双相Ⅱ型患者，循环性情绪障碍患者的焦虑程度最低（Désirée，et al.，2014）。

为了测试依恋信念和焦虑敏感性的关系，一项研究以高中生（$n=203$，平均年龄 15.70 岁）和大学生（$n=324$，平均年龄 21.70 岁）为样本，使用亲密关系经历量表（ECR）评估依恋信念，并将参与者分成不同的依恋类型。同时，使用焦虑敏感性指标（ASI）评估参与者的焦虑敏感性水平。结果显示，无论是在高中还是大学的样本中，不安全依恋的个体的焦虑敏感性得分显著高于安全依恋的个体（Weems，et al. 2002）。

还有一个潜在的基础研究方向是在成人依恋安全的跨文化研究中。在 2000 年前，由于只有一部分成人依恋的研究使用非美国样本（如以色列、澳大利亚），对于成人依恋的研究最多的依旧是美国，所以即便 Bowlby 强调依恋系统的普遍性，推断依恋理论具有跨文化的有效性这个假设还是受到了极大的质疑。

但现在对于成人依恋的研究（尤其在成人依恋风格测量中），ECR 被翻译成法语、德语、俄语、荷兰语和日语等多国语言，被多国研究者所使用，相对证明了成人依恋的跨文化特征。笔者在查阅资料的过程中也发现了德国、中国、伊朗、西班牙、日本、泰国、韩国和俄罗斯的 ECR 的适应性检验和具体研究，如 A Spanish version of the Experiences in Close Relationships（ECR）adult attachment questionnaire。

（二）实践应用

用 ECR 评估夫妻在治疗中的依恋（Parker，Johnson，Ketring，2011）。测量成人依恋后经过再次的信效度检验，对 ECR 进行修订适应，删除项目 10 和项目 22，消除了不明原因的方差，加强了结构效度，提高了结果的有效性，使之可应用于临床样本。

其发现男性和女性的焦虑有区别。女性的焦虑主题包括担忧、伴侣披露和个人对亲密的渴望。个人对亲密的渴望与治疗中女性的依恋焦虑有关，但对男性则不是。而在一起的时间被男性的焦虑所占据表明其是男性在治疗中的一个重要主题。这一研究为男性和女性在治疗中分别提供了依恋焦虑和回避测量的潜在因素结构，可以为夫妻在治疗中制订一些相应的干预措施。例如经历高度依恋焦虑的个人往往表现出导致痛苦的特定行为——情绪高涨和消极思维过程。可以实施临床干预，以强调、阻止或改变负面的思维过程和加强围绕相应依恋主题的感情。

张玲等（2020）对192名留守儿童和86名非留守儿童使用ECR、社会支持量表（SSRS）和应付方式问卷（CSQ）分别测评依恋、社会支持和应付方式的中介效应。ECR量表中，留守儿童依恋焦虑及回避维度得分均高于非留守儿童（$r=-2.36$，-2.87；$p<0.05$）；相关分析显示，留守儿童依恋回避与主观支持、对支持利用度、求助、解决问题都存在负相关（$r=-0.25$，0.38，-0.36，-0.23；$p<0.01$），主观支持和对支持利用度与求助存在显著正相关（$r=0.33$，0.52；$p<0.01$），主观支持和对支持利用度与解决问题存在显著正相关（$r=0.27$，0.35；$p<0.01$）；留守儿童主观支持在依恋回避与求助及解决问题之间存在部分中介作用，对支持的利用度在依恋回避与求助之间存在部分中介作用。总的来说，留守儿童表现为高回避、高焦虑的不安全的依恋特征，缺乏社会支持，较少采取成熟型应付方式；留守儿童依恋模式通过社会支持的中介作用对应付方式产生影响。

综上所述，成人依恋与个体特征及心理健康各个方面都有着较高的相关度。尤其是在不安全依恋类型上，与抑郁、焦虑、社交焦虑、孤独感和主观幸福感等方面相关显著。

（三）不足与展望

2000年，Fraley基于项目反应理论（Item Response Theory，IRT）修订ECR，筛选条目结果：在18个焦虑项目中，有13个（72%）在原始ECR焦虑量表中；在18个回避项目中，有7个（39%）在原始ECR回避量表中。修订版ECR-R与原版ECR对比，ECR-R精度更高。

ECR在全世界被广泛应用和承认，但也存在一些问题。如果对大学生以外的人群（如老年人）实施ECR，研究参与者可能很难在完成其所包含的大量项目所需的时间内保持注意力集中。且ECR中的大量项目可能会降低研究遵从率和参与者回答问卷的动机。同时，因为人的心理依恋本身受外界环境影响过大，在测量中如果重测时间较长也可能会出现部分误差现象。因此，应开发一个基于原始 ECR 的简短版本的量表，即 ECR－S（张杉杉，骆方，2007）。

第二节　大五人格量表

本节从人格的具体概念出发，详细地介绍了人格的特征、国内外主要理论学派及发展历史和普遍认同的大五人格类型。在研究大五人格的测量与发展中，进一步对大五人格的各种测量工具的优缺点进行了概括，并对广泛使用的大五人格量表进行了具体的研究，即介绍其条目、因子特征和信效度。同时选取了具有代表性的大五人格量表（Mini－IPIP）进行重点介绍，对它的编制、施测、中国化和应用进行了细致的梳理。最后，在基础应用和实践研究等方面进行相应的拓展，形成了对大五人格测量研究的系统总结。

一、引言

（一）人格的相关概念

人格（Personality）一词最早源于拉丁文 persona，主要是指用来表现戏剧人物角色和身份的脸谱，后来逐渐演变成为心理学研究中的概念。美国心理学家奥尔波特在《人格：心理学的解释》（1937）一书中阐述了人格的定义：个体在顺应环境中的那些心理生理系统中个体内部独特的动力组织。Corr 和 Matthews（2009）认为，人格是从生物和环境因素演变而来的一系列行为习惯、认知和情感模式。此外，国内学者也对人格进行过定义。戴海琦等（2006）认为，人格主要是指个人受到不同环境的影响而形成的比较稳定的心理特点和行为特征，其对决定人的特质具有重要的作用。彭聃龄（2007）认为，人格是构成一个人的思想、情感及行为的独特模式，这个独特模式包含了一个人区别于他人的稳定而统一的心理品质，反映了一个人在特定的情境下会以某种特定的方式做出反应的倾向。

人格有四大基本特征。一是整体性。个体的人格是由多个因素构成的统一体，且受自我意识的控制。一个人的人格需要在各方面形成和谐统一的整体，此时才可视作健康的人格，否则容易导致人格分裂。二是稳定性。人格一旦形成就具有相对稳定性，这种稳定性主要表现为一定的心理定式。"江山易改，本性难移"中的"本性"就是指人格的稳定性特质。但是人格的稳定性也并非一成不变，人格也可以随着环境的变化而逐渐发生转变。也就是说，个体可以根据自身发展的需要有意识地去培养和塑造自身人格。三是独特性。人格的形成既受到先天遗传因素的影响，同时又受到个体所处不同环境的影响。所谓"千人千面"，也可以用来形容个体之间的人格差异。四是功能性。人格对个体生活、工作、学习等各方面都起着非常重要的作用，良好的人格，往往能够让人勇敢地面对困难、融入社会，从而更好地实现人生价值。

（二）人格特质理论

1. 国外主要人格特质理论

从不同的研究角度来讲，人格的理论可分为特质理论、类型理论和层次理论。人格类型理论通过人的某一特征来描述人格，并确定其人格类型，是最早的人格理论。其强调群体间的差异，以及群体间的特质与质的差异，也就是所谓的"人以群分，物以类聚"。例如古罗马医生盖伦的"气质学说"，认为人格可以分为多血质、胆汁质、抑郁质、黏液质4种气质类型。以克瑞奇默为代表的"体型说"，把人格通过肥胖型、瘦长型和健壮型3种体型来进行区分。但是，人格类型理论由于将不同极端特质作为衡量维度，非此即彼，易产生巴纳姆效应，故后来的研究者开始尝试通过几个关键性特质或维度来区分人格的差异，这就是人格特质理论，在人格理论中影响最为深远。

1）奥尔波特人格特质理论

奥尔波特（1961）首次以成熟的、正常的成年人为被试对人格特质进行研究。他把人格特质分为个人特质和共同特质两大类。大多数人或一个群体所具有的相同的特质叫作共同特质，某个特定的个体具有的特质叫作个体特质。个人特质又分为3种：①首要特质，它是个体最典型并最具概括性的特质；②中心特质，通常情况下是比较重要的个体特质，是个体独特性的表现；③次要特质，通常情况下是不太重要的个体特质，存在于某些特殊的情况下。

2）卡特尔人格特质理论

卡特尔采用因素分析的方法建立了人格特质的理论模型，他认为特质是组成人格的基本元素，并将人格特质的结构分为4个层次：第一层是个人特质和共同特质，这一层与奥尔波特的分类相同。第二层是根源特质和表面特质，从外部表现直接可以看出的是表面特质，彼此之间以共同的特点为基础且相互联系的是根源特质。他通过研究发现根源特质有16种，包括自律性、恃强性、稳定性、独立性、乐群性、兴奋性、聪慧性、怀疑性、有恒性、紧张性、敏感性、世故性、忧虑性、敢为性、幻想性和实验性。第三层位于根源特质下，它分为两类，一类是环境特质，另一类是体质特质。环境特质强调外部环境和个人经验的作用，体质特质强调遗传和生理因素的作用。第四层分为三类，一类是能力特质，一类是动力特质，另一类是气质特质。在运动方面和知觉方面所表现出来的差异是能力特质，使人为了某一目标而努力的是动力特质，个体的情绪反应强度与速度的表现是气质特质。

3）艾森克人格特质理论

艾森克人格特质理论把人格特质分为神经质、外倾性与精神质3个基本维度，不同个体的人格在3个维度上有不同的倾向和不同程度的表现。其中，精神质是人格特质中偏于负性的一些表现，精神质倾向较高的个体，所表现出的一般是孤独、冷漠、缺乏同情心、以自我为中心等特点。神经质主要是情绪的稳定性表现，神经质倾向较高的个体，一般情绪反应比较强烈，情绪一般都会从外部显现出来且变化比较大，很容易产生失落和亢奋的情绪。外倾性是指性格方面的外向与内向，外倾性较高的个体，其突出特点为性格上活泼开朗、喜欢且善于与他人沟通交流，但有时也容易激动。

4）大五人格理论

大五人格理论是该领域中最具影响力的理论。Goldberg 运用词汇学的方法最先提出了"大五人格"，这5个基本维度为：智慧或文化、外向性、随和性、尽责性和情绪稳定性。而 McCrae 和 Costa 则采用自上而下的策略，提出人格五因素模型理论，包括神经质、开放性、外向性、尽责性和宜人性5个因素。其中，神经质体现了个体的消极情绪体验；开放性体现了个体的想象力、智慧和创造力；外向性体现了个体对外界投入的能量；尽责性体现了个体自我控制、自我管理的能力；宜人性体现了个体重视合作、关注人际和谐。大五人格和五因素模型的内容和形式都比较接近，五因素模型是在大五人格的基础上发展起来的，大五人格是五因素模型的理论来源之一。这表明，人格研究者对人格的分类达成了初步的共识。

2. 国内主要人格特质理论

1）大五人格理论

杨国枢和彭迈克于1984年采用特性共性相结合的本土化研究方法发现中国人的人格五因素，分别为：精明干练—愚蠢懦弱、善良诚朴—阴险浮夸、镇静稳重—冲动任性、热情活泼—严肃呆板、智慧文雅—浅薄粗俗。这5个因素中有两个因素与大五人格的因素相对应，而另外3个因素则与大五人格的因素表现出明显的差异。

2）大七人格理论

王登峰和崔红（2003）采用"词汇学假设"对中国人人格结构的系统研究表明：中国人的人格结构由7个因素构成。其同时归纳总结出中国人人格结构的七大因素及 18 个小因素和它们的含义：①外向性。外向性反映人际交往中活跃、主动、积极、轻松和温和的特点，以及个人的乐观和积极心态，是外在表现与内在特点的结合，包括活跃、合群、乐观 3 个小因素。②善良。善良反映中国文化中"好人"的总体特点，如对人真诚、宽容、关心他人，以及诚信、正直和重视感情生活等内在品质，包括利他、真诚和重感情 3 个小因素。③行事风格。行事风格反映个体的行事方式和态度，包括严谨、自制和沉稳 3 个小因素。④才干。才干反映个体的能力和对待工作任务的态度，包括敢为、坚韧和机敏 3 个小因素。⑤情绪性。情绪稳定性特点，包括耐受性和爽直两个小因素。⑥人际关系。对待人际关系的基本态度，包括宽和与热情两个小因素。⑦处世态度。个体对人生和事业的基本态度，包括自信和淡泊两个小因素。高分者往往目标明确、坚定和理想远大，对未来充满信心、追求卓越；低分者则安于现状、得过且过、不思进取、退缩平庸。

（三）大五人格测量工具

目前，基于人格五因素模型编制的大五人格测验主要有 3 种形式：句子式大五人格测验、短句式大五人格测验和形容词式大五人格测验。

其中，句子式大五人格测验主要以 Costa 和 McCrae 所编制的 NEO 为代表。Costa 和 McCrae 以人格五因素模型为理论基础编制了大五人格问卷（NEO－PI），后来又于 1992 年进一步修订形成大五人格问卷（NEO－PI－R）。该量表总共有 240 个条目，分为 5 个维度，每个维度有 6 个具体层面，48 个条目。量表有两种形式，一是自我报告，二是观察者报告，两种形式的条目内容相同，使用不同的人称表述，采用五点计分，通过比较两种不同形式问卷的得分来评定个人的人格。虽然 NEO－PI－R 信度和效度较好，但题目较多，不便于施测。于是，Costa 和 McCrae（1992）将 NEO－PI 的条目减少到 60 个，编制成简版的大五人格问卷（NEO－FFI），该问卷与 NEO－PI－R 显著相关，并跟原量表一样具有较高的信效度。

短句式大五人格测验主要以 John 等所编制的 BFI 为代表。John、Donahue 和 Kentle 于 1991 年建构了大五人格量表。该量表的目的是要建立一个简洁的量表，以便在不需要对个别层面作更多的不同测量时可以有效而灵活地对 5 个维度进行评鉴。该量表共 44 个项目，由 44 个描述人格特质的短语组成，分为 5 个维度，采用五点计分，从 1（非常不同意）到 5（非常同意）。此外，Rammstedt 和 John（2007）从 BFI 中挑选出 10 个条目组成 BFI 的简版，该量表重测信度中等，结构效度良好。

形容词式大五人格测验主要以 Goldberg（1992）所编制的 TDA 为代表，

包括 50-BAS 和 100-TDA。其中 50-BAS 由 50 对双极词构成，分为 5 个维度，每个维度均为 10 个条目，采用李克特九点计分，从 1（非常不符合）到 9（非常符合）。100-TDA 则由 100 个单极词构成，分为 5 个维度，每个维度包含 20 个条目，采用五点计分。Saucier（1994）从 100-TDA 中挑选出 40 个条目组成 TDA 的简式版，来测量大五人格特征。

二、发展历程及编制过程

（一）发展历程

1961 年，Tupes 和 Christal 运用词汇学的方法对卡特尔的特质变量进行了再分析，发现存在 5 个相对显著且稳定的因素，他们将其定义为：外向性、随和性、尽责性、情绪稳定性和智慧或文化。其后，Norman（1963）和 Goldberg 通过研究进一步验证了 Tupes 和 Christal 的研究结果，得出人格的 5 种因素，分别为外倾性（Extraversion）、宜人性（Agreeableness）、尽责性（Conscientiousness）、神经质（Neuroticism）和开放性（Openness）。这 5 个因素后来又得到了众多学者的进一步验证和完善，也开始被学术界广泛接受。

外倾性，是指个体人际互动的强度与次数，包括极端内向和极端外向两种。具有高水平外倾性的人表现出乐于助人、自信、合群和善于交际等特点，而具有低水平外倾性的人则表现出含蓄、安静、稳健等特点。

宜人性，描述个体对周围人或事物的态度。具有高宜人性的人常表现出善良、信任、同情、合作、体贴等；而具有低水平宜人性的人被称为敌对型，即对他人多抱有敌意、自私，缺乏同情心和合作精神等。

尽责性，是指个体自身所具有的控制力和自律程度。尽责则意味着优秀的组织能力、未雨绸缪和严谨细心的做事态度、持之以恒的耐力等；而具有低水平尽责性的人表现出缺乏目标、懒惰、容易见异思迁、不可信等。

神经质，是指个体调节情绪的能力以及其情绪的稳定性。在神经质这一维度得分高的人表现出情绪不稳定、易受波动、常常感到忧伤、更易体验不同的消极情绪。而在这一维度得分低的人则常常表现出平静、情绪调适较好、不易出现偏激和消极的不良情绪等。

开放性，是指个体对已有经验持有一种不断求新和勇于探索的态度。具有高开放性的人表现出思想独立、富有想象力、喜欢接受新想法等，他们在情感上比较迟钝；而具有低开放性的人拘泥于熟悉的事物，常表现为按部就班、墨守成规，思想较为传统。

（二）编制过程

大五人格在心理学各领域的应用越来越多，但目前测量人格的问卷较长，会对研究产生一些负面的影响。对于被试来说，要完成包含很多题的问卷是一件枯燥且让人烦恼的事情，被试处于一种负面的情绪中，或者被试看到如此长的问卷，内心受挫，就不会用心填问卷，使最终结果产生较大的测量误差。而且从某种角度来看，问卷太长的话，被试可能不能完成问卷；在纵向研究中，问卷太长也可能会导致被试中途退出，或者完成本次研究，但拒绝参加未来的研究。因此，研究者通常对长量表进行修订，使之变成条目较少的量表。目前已有良好的信效度的量表有 60 个条目的 NEO 五因素量表（NEO－FFI）、50 个条目的国际人格五因素模型（IPIP－FFM）和 44 个条目的大五迷你量表。然而，在研究中被试要完成很多数量的题目时，或者被试能参与的时间很短时，这些量表条目仍然太多。

鉴于此，在 2006 年的研究中，Donnellan 等在 50 项国际人格项目库－五因素模型（IPIP－FFM；Goldberg，1999）的基础上开发了 20 项 Mini－IPIP 量表。其编制过程如下：

首先，他们从 IPIP－FFM 中筛选出 20 个条目组成 20 项 Mini－IPIP 量表的最初版本，筛选条目是以因子载荷和区分分数作为标准来进行的，并在 2663 名大一新生中进行施测。接着，他们对 IPIP－FFM 量表的数据进行了具有可变旋转性的主轴探索性因子分析（EFA），并强制执行一个五因素模型，得到每个条目的因子载荷。其次，用每个 FFM 量表条目在主要因子上的载荷减去它在其余 4 个因子上载荷的绝对值的平均值，得到每个条目的区分分数。例如，第一道题"我是聚会中活跃气氛的人"主要负荷在外倾性因子上，所以我们用其在外向性因素的主要载荷（载荷为 0.64）减去它在其他 4 个因素上载荷的绝对值的平均值（在宜人性、尽责性、神经质和想象力因子上的载荷绝对值的平均值为 0.19），产生区分分数为 0.45。接着，选择具有最大区分分数的两个积极的条目和两个消极的条目作为每个分量表的条目，组成 20 个条目。

然后，将最初的 20 个条目用研究二的样本单独施测，并进行主轴探索性因子分析。根据每个条目的因子载荷，对因子载荷低的条目进行替换，具体替换方式即为选择相关的区分分数第二大的条目。例如，对于尽责性分量表，条目"我遵照时间表"（为原量表 IPIP－FFM 量表的第 43 题，区分分数为 0.38）在新样本中具有较低的因子载荷，因此，我们选择原量表中区分分数第二大的条目"我喜欢秩序"（为原量表 IPIP－FFM 量表的第 33 题，区分分数为 0.37）对其进行替换。

在研究一中，Mini-IPIP 量表具有可接受的信度，其内部一致性系数范围介于 0.65（想象力）至 0.77（外倾性）之间。该量表与 IPIP-FFM 量表的聚合效度结果也显示良好，介于 0.85（想象力）到 0.93（外倾性）之间。区分效度的结果显示与 IPIP-FFM 量表相比，Mini-IPIP 量表的内部相关性成功降低。具体而言，Mini-IPIP 量表的组间相关的平均绝对尺度 r 为 0.13（$SD=0.08$，Range$=0.20\sim0.24$），小于 IPIP-FFM 量表的 0.20（$SD=0.08$，Range$=0.07\sim0.35$）。考虑到可能存在测量误差，我们重复了以上分析，结果显示与先前类似。

在研究二中，Donnellan 等采用 329 名大四学生检验了 IPIP-FFM 量表与 Mini-IPIP 量表的内容效度。首先，他们再次检验了 IPIP-FFM 量表与 Mini-IPIP 量表的聚合效度，结果显示其聚合效度良好。其次，他们检验了 IPIP-FFM 量表、Mini-IPIP 量表与 TIPI 量表之间的相关性。结果显示 3 个量表的相关模式极其相似，即 Mini-IPIP 量表与 IPIP-FFM 量表的内容范围非常接近。例如，在 IPIP-FFM 量表的 30 个侧面上，仅有两个侧面的内部一致性信度与 Mini-IPIP 量表的差异超过｜0.12｜。结果显示 Mini-IPIP 量表的内容效度良好。

在研究三中，Donnellan 等使用 300 名本科生重复检验其心理测量学特性，并对其效标关联效度进行了检验。首先，他们运用 AMOS 5.0 对 Mini-IPIP 量表进行验证性因素分析。拟合指数显示，Mini-IPIP 模型的 $\chi^2=359.30$，$df=160$，$p<0.05$；$\chi^2/df=2.25$，GFI$=0.88$，数据显示其模型适配度尚可；RMSEA$=0.07$，p close fit<0.05，符合模型拟合标准。接着，他们使用自尊、行为抑制系统、行为激活系统作为效标，检验了 Mini-IPIP 量表的效标关联效度。结果显示 IPIP-FFM 量表与 Mini-IPIP 量表的效标关联效度结果良好，并且两量表的效标关联效度结果相似，其差异并不显著。最后，他们执行回归分析来检验两个大五人格量表的预测效度，结果显示其多重 R 值结果极为接近。

最后，Donnellan 等用研究四和研究五分别从短期（三周）和长期（6 到 9 个月）的视角检验了 Mini-IPIP 量表的重测信度和效标关联效度。结果显示，Mini-IPIP 量表间隔三周的重测系数分别为 0.87，0.62，0.75，0.80 和 0.77，显示其重测信度良好。进而以焦虑、抑郁、攻击性和心理权利作为效标，结果显示 IPIP-FFM 量表和 Mini-IPIP 量表的效标关联效度也极为相似。研究五以积极情绪、消极情绪、生活满意度为效标，采用 148 名本科生测量其间隔 6 至 9 个月的效标关联效度，结果也显示其效标关联效度良好。

以上五项研究结果显示，Mini-IPIP 量表具有可接受的内部一致性信度，并且其重测信度、聚合效度、区分效度、效标关联效度等结果都显示良好，表示 Mini-IPIP 量表是一种在心理测量学上可接受的且有实际用途的 IPIP-FFM 量表的简短测量工具。

Mini-IPIP 量表采用李克特五点积分法，从非常不准确到非常准确在计分方式上通常赋值为 1~5 分。其中 11 道题目为反向计分题，从非常不准确到非常准确分别赋值为 5~1 分。量表分数是通过每个维度的所有条目得分的总和创建的，在该维度上得分越高表示其与该维度的符合程度越高。

三、测试及信效度验证

（一）测试

大五人格问卷多用于正常人群，特别是应用于工作绩效领域。一般要求被试具有初中三年级以上的文化水平。测卷封面上有简要的指导语，要求被试严格按指导语要求作答。被试可以个别默读指导语和测题，自行答题，或者由主试朗读指导语。不论是个别还是团体测验，主试必须取得被试的信任与合作，使被试觉得测验是对自己有益的，或创设某种有利于诚实回答的条件。施测过程中要保持环境的安静和舒适，有适当的照明和温度，排除任何可能的干扰（比如有人旁观被试的回答情况或有人在室内走动等）。

大五人格问卷既可以个别测试，也可以团体测试，但一般不能让被试把材料带回家，如果确实不能一次完成也可以分次做，但时间不能间隔太长。对于有视力障碍的被试，可以通过主试朗诵或者播放录音的方式进行测验。

测试时，每人一份测题本和一张测题纸，测试不计时，但被测应以直觉性的反应依题作答在测题纸上，无须迟疑不决，拖延时间。

（二）信效度验证

1. Donnellan 等编制 Mini-IPIP

许多研究都表明，Mini-IPIP 具有高度的内部一致性和效标关联效度。Ringwald 等使用密集纵向设计（ILDs），利用 3 个不同样本分别从组间和个体内部差异的角度检验了 Mini-IPIP 的心理测量学特性。结果显示其结构效度、聚合效度和区分效度良好。Mini-IPIP 5 个子量表的平均信度为 0.86，范围在 0.81 至 0.87 之间，显示其具有较高的信度水平。在其与效标关系的检验上，Morizot（2014）通过研究发现：开放性与双相情感障碍、焦虑症呈正相关，与行为失常呈负相关；外倾性与青少年样本中的注意缺陷障碍、行为失常、双相情感障碍和物质滥用呈正相关，但与抑郁症状和社交焦虑呈负相关；宜人性和 3 个外化精神病态量表均呈负相关，特别是行为失常和对立违抗性障碍。这都表明量表构想效度良好。

2. Mini-IPIP 量表中文版

为了促进 Mini-IPIP 量表在中国的使用，何剑骅于 2015 年对 Mini-IPIP 进行了中文版的修订，并通过对 550 名中国大学生进行测试，对修订后的量表的信度以及效度进行了检验。数据结果分析显示，Mini-IPIP 中文版具有良好的效度和信度，可以作为人格测量的一个有效测量工具。

迷你国际人格五因素量表，采用 20 条目的英文版量表，经英文版作者的同意后，经过三次翻译、回译、修改、再回译的程序而得到。迷你国际人格五因素量表（Mini-IPIP）可以测量个体人格外倾性、宜人性、责任心、情绪性和智力/想象力等 5 个方面。每个维度有 4 个题目，除智力/想象力维度有 1 题正向计分，3 题反向计分外，其他每个维度中有 2 题正向计分、2 题反向计分。

该研究使用 SPSS 20.0 和 AMOS 21.0 软件来进行数据分析。对 Mini-IPIP 中文版进行因子分析，结果显示特征值大于 1 的因子有 5 个。根据特征值的大小进行降序排列，成分 1 的特征值为 4.823，方差贡献率为 24.117%；成分 2 的特征值为 2.615，方差贡献率为 13.074%；成分 3 的特征值为 2.207，方差贡献率为 11.033%；成分 4 的特征值为 1.816，方差贡献率为 9.080%；成分 5 的特征值为 1.388，方差贡献率为 6.941%。先选取 5 个主因子来建立初始因子分析模型，再使用最大方差旋转法变化得到旋转后的因子负荷矩阵。由此得知，Mini-IPIP 中文版与原量表的结构相同。

Mini-IPIP 中文版的 5 个维度与总量表得分相关分析结果显示，r 值处于 0.539 到 0.671 的区间，$p < 0.001$，以 $\alpha = 0.01$（双侧）的水平，均具有统计上的意义，说明维度内部的条目间的相关性较高。

两半分数间的相关系数 $r = 0.437$，经斯皮尔曼-布朗公式进行校正，得到整个测验的信度值为 0.61，显示其信度较好。总量表的 Cronbach's α 系数为 0.817。

综上所述，其研究表明此量表的修订结果指标均达到了心理测量学各项要求，可以作为有效的中国人人格测量工具，特别是在研究者需要对被试进行大五人格的简短评估时；同时该量表的修订会促进中国未来的大五人格研究。

四、大五人格量表的研究应用于未来发展

（一）基础研究

人格作为一种综合性的心理品质，不仅与个体的心理行为有直接关系，而且对个体的社会适应有显著的影响。Mini-IPIP量表作为广泛使用的大五人格量表，被用于许多探讨心理健康、性取向、情绪情感、网络成瘾以及其他问题行为等与人格相关的研究中（Choi，et al.，2021；Ejova，et al.，2020；Sutin，et al.，2017；von Soest，et al.，2018）。例如，Floyd等（In press）的研究显示，宜人性和谨慎性对心理健康有着显著的正向预测作用，神经质与个体羞耻感显著正相关。Götz等（2021）采用Lewinian互动论的视角，研究了新冠病毒感染疫情期间宏观层面的政府政策和微观层面的心理因素（即人格）对个体的就地避难率的独立和联合的影响。结果显示，开放性、尽责性、宜人性和神经质都预测了更高的就地避难率，而外向性则与待在家里呈负相关。此外，开放性、神经质可以与政府政策相互作用并对个体的就地避难率产生预测作用。

在一项与老年人生活满意度相关的纵向研究中，Hansson等（2020）调查了大五人格对退休过渡时期的老年人生活满意度水平的直接和间接影响。其间接影响通过大五人格对个体可利用资源水平变化的影响来评估。基于资源的退休适应模型假设个体情感、动机、社会、身体、认知和经济方面资源的可利用率解释了退休适应中的个体差异。根据这一模型，当个体拥有更多资源时，他可以有更好的机会去应对退休过渡期的各个方面的变化，而个体资源的变化是个人福祉变化的驱动力。

据此，研究假设五种人格特质都可以对个体退休过渡期的资源和生活满意度产生显著影响。研究预测：①外倾性对自尊、自主性和社会支持产生积极影响；②尽责性对感知身体健康、认知能力和经济满意度产生积极影响；③开放性对自尊、自主性产生积极影响；④宜人性对社会支持产生积极影响；⑤神经质对自尊、自主性、社会支持、自评身体健康、认知能力、经济满意度产生消极影响。此外，研究假设较高水平的6种资源会产生较高的生活满意度，而且其生活满意度会随着时间推移而增加；较低水平的资源会导致较低的生活满意度和更多消极变化。

据此，研究者使用R语言（3.4.4版本）进行结构方程建模来验证假设。研究者首先对使用到的量表进行验证性因子分析以检验其模型的拟合程度，结果显示其各项拟合指标良好。接着，研究者拟合所有变量的潜在增长曲线

(LGC) 模型，以估计测量点的总体水平（即截距）和变化（即斜率）。研究结果表明，人格通过其与感知资源能力的相关性直接影响老年人的退休适应过程，其中外倾性与神经质的影响最大。外向度较高的老年人在退休过渡期间的自尊和社会支持方面有更积极的变化，神经质水平较高的老年人在自尊、自主性、社会支持以及感知的身体健康和认知能力方面有更多消极的变化。该研究结果对我们理解退休过渡时期人格与生活满意度之间的关联机制具有理论意义。同时研究结果表明，神经质水平较高的老年人在过渡过程中尤其脆弱，更容易遇到与感知资源的负面变化相关的适应问题，因此，老年人需要更多的个性化心理咨询和其他预防措施以促进更好地适应退休。

（二）实践应用

1. 临床心理

五因素模型可为临床工作者提供对病人人格的全面了解，有效地注意和利用病人人格方面的特质，选择或制订最佳的治疗方案和估计预后。

2. 健康心理

在一项研究中，Sutin 等（2019）采用全国青少年至成人健康纵向研究数据（$N=15359$；年龄范围为 $25\sim34$ 岁）来研究人格与代谢综合征的 4 个组成部分（血糖、血压、胆固醇和腰围升高）和年轻成年人代谢风险指数之间的横截面关系。研究发现，较高的神经质和较低的责任心与较高的代谢功能障碍风险相关；然而，宜人性与此无关。人格与代谢健康之间的关系可能会在人的一生中呈现出来，神经质/责任心与代谢功能障碍之间的联系开始于早期，与宜人性的联系在老年时出现。

3. 职业、管理和工业心理

大量研究表明，主动性人格与个人层面的工作绩效之间存在积极线性关系。Zhang 等（2021）采用两项研究检验了团队主动性人格水平与团队绩效之间的曲线关系，以及团体绩效和团队凝聚力在其中的中介作用，并以主动性人格的离散程度作为这一关系的边界条件。我们进行了两项研究来验证这些观点。在研究一和研究二中，研究者分别收集了来自 4 个不同行业 4 家公司的93 个团队的数据以及来自 3 家医院的 101 个护理团队的数据。研究结果发现，团队平均主动性人格水平与团队绩效呈曲线关系，并进一步验证了主动性人格的离散程度对团队绩效和团队凝聚力的调节和中介作用。当主动性人格离散度高（低）时，曲线关系的积极趋势增强（减弱）。研究结果强调了团队的平均主动性人格水平只有在一定程度上才有利于团队绩效。

4. 发展心理

研究者发现，根据五因素的剖面特征有可能预测青少年的一系列心理和行为，最终设计出适当的干预措施。

Jensen（2020）利用横断数据检验了 590 名青少年的父母区别对待、人格特质与健康相关行为（睡眠习惯、锻炼习惯和其他健康习惯）的关系。结果发现，责任心在父母区别对待各健康相关行为的关系中起调节作用；当责任心较低的青少年与母亲关系好时，会有更好的健康习惯。

Newcomb-Anjo（2017）考察了 903 名 18～25 岁的成年人福祉的风险因素，以及其与主观幸福感、心理健康的关系。潜在剖面分析结果确定了 4 种不同的风险剖面，即低风险、低支持风险、经济风险和多重风险，并采用伪等级划分法，将风险剖面与心理健康、主观幸福感结果联系起来。结果显示出对年轻人的生活风险因素精准干预的必要性。

（三）不足与展望

大五人格量表具有以下三方面的优势：①多篇综述一致表明，5 个因素在某一抽象的水平上代表了人格特质的总体，其普遍性、稳健性已在自我报告和他人评定、词汇研究和问卷测量、各种样本以及不同文化背景和分析方法的大量研究中得到验证；②五因素模型在一定程度上整合了人格结构的无政府状态，推进了人格理论研究的进程；③五因素模型逐步得到承认并运用于许多实践领域。

目前学者对于大五人格量表的局限性已有一定认识，认为大五人格量表主要在因素分析、词汇假设、问卷假设和因素命名、数量及含义等方面存在问题。

（1）对因素分析的质疑：Block（1995）认为，"大五"是建立在词汇假设和因素分析上的，但因素分析的局限性，如旋转决策的武断性、因素解释的模糊性等问题还未得到重视。另外，大多数研究者把 5 个因素看作互不相关的正交因子而使用正交旋转法，但事实上，5 个因素之间是相关的，应使用斜交旋转。

（2）词汇假设、问卷假设的不当：Eysenck（1993）、Block（1995）等认为，词汇研究采用的是自然语言中的世俗概念而非科学概念，不能保证涵盖和表达一些精细复杂的个别差异和人格特质。自然语言术语的人格分类概括的是观察者对人格的知觉，这有别于存在于每一个体大脑中的心理结构。此外，特质术语在使用时常因多种原因而表现出随意性，传统的意义模糊不清。因此，对他人进行特质评定时应依赖智慧、成熟、公正的个体。用大学生或非专业人员评定显得不妥当。

（3）因素命名、数量、含义的不一致：经常提及的五因素模型有好几个，批评家主张研究者不要受五因素模型的束缚，不能过分依赖因素分析，要结合其他的研究方法和统计分析方法，以世俗的概念为基础，抽象出适合专家学者的科学概念，整合个体内、个体间的研究，在实证的基础上建立因素命名、数量、含义上均一致的人格维度。

第三节　卡特尔 16 种人格因素问卷

16 种 人 格 因 素 问 卷（Sixteen Personality Factor Questionnaire，简 称 16PF）是由美国伊利诺州立大学人格及能力测验研究所卡特尔教授编制的测量 16 种根源特质的人格问卷。该问卷在临床医学中被广泛应用于人格特征相关研究，对人才选拔和培养也很有参考价值。本节将简要介绍卡特尔 16 种人格因素问卷的发展历程和编制过程，阐述问卷结构和测量项目内容，分析问卷的信度和效度，介绍问卷的中国化情况。同时在基础应用和实践研究等方面进行拓展，并结合该问卷目前的优势和不足，对未来的研究做出展望。

一、引言

什么是人格？人格（Personality）是指个体在对人、对事、对己等方面的社会适应中行为上的内部倾向性和心理特征。其表现为能力、气质、性格、需要、动机、兴趣、理想、价值观和体质等方面的整合，是具有动力一致性和连续性的自我。人格是稳定的、习惯化的思维方式和行为风格，它贯穿于人的整个心理，是人的独特性的整体写照，整体性、稳定性、独特性和社会性是人格的基本特征（杨永明，2000）。一般说来，人格是个体在社会化过程中形成的独特的身心组织，人格的形成也与人的生物遗传因素有关。

人格测量是心理测量的一个重要组成部分，它对于在较短的时间内全面准确地了解一个人的人格特征有重要意义。与我们经常能在互联网上看到的性格测试不同，专业的人格测验需要经过大量严格的信度与效度验证，试题所包含的题目数量也通常较多，例如广为人知的明尼苏达多相人格测试（MMPI），本节所要介绍的卡特尔 16 种人格因素问卷（16PF）也是能够有效测量人格的经典问卷之一。

这些可靠的人格测验都是根据对应的人格理论编制的，例如 16PF 测验是依据卡特尔提出的人格特质理论编制而成的。但需注意的是，每种人格测验要定期进行更新才能保证测验的信度和效度，因为人们的文化心理、语言习惯会随着经济社会的发展而发生变化。

就卡特尔 16PF 而言，该问卷从乐群、聪慧、自律、独立、敏感、冒险、怀疑等 16 个相对独立的人格特点对人进行描绘，被广泛应用于心理咨询、人员选拔和职业指导（Barkhuizen，et al.，2012）的各个环节，为人事决策和人事诊断提供个人心理素质的参考依据。除此之外，还被用在人事管理领域来预测应试者的工作稳定性、工作效率和压力承受能力等。据统计，1971—1978 年间被研究文献引用最多的测验中，16PF 仅次于 MMPI 排名第二，在一项关于心理测验在临床上的应用调查中，16PF 排名第五。本节将从 16PF 的起源与发展历程、编制过程、问卷结构和内容、中国化研究等几个方面对其进行介绍。

二、问卷起源与发展

16PF，即由美国伊利诺州立大学人格及能力测验研究所卡特尔教授编制的测量 16 种根源特质的人格问卷。它是伴随卡特尔的人格特质理论发展而来的，反过来 16PF 测验也为卡特尔人格特质理论提供了实证支持，二者可谓是相辅相成。16PF 于 1949 年首次问世，是被应用和被研究文献引用最多的人格测验之一。16PF 的正式发行机构 IPAT 从 1949 年推出 16PF 第一版至今，不断对 16PF 进行改进，现已更新至第五版，并在 2000 年对第五版进行了全美人口的常模修订。

就适用人群而言，16PF 适用于 16 岁以上的青年和成人，现有 5 种版本：A、B 本为全版本，各有 187 个项目；C、D 本为缩减版本，各有 106 个项目；E 本适用于文化水平较低的被试，有 128 个项目。华人学者刘永和博士与伊利诺伊大学人格及能力研究员 Meredith 合作，将 16PF 的 A、B 本合并，并于 1970 年发表中文修订版，其常模是由两千多名中国港台地区的学生得到的。辽宁省教育科学研究所李绍衣等（1981）最先进行了中文缩减版的修订，并制定了辽宁省常模。华东师范大学祝蓓里等于 1988 年进行了再次修订并制定了中国常模。目前刘永和（1970）和祝蓓里（1988）的修订版本为国内现行使用版本。但由于近几十年来社会转型加快，中国人的文化心理产生了明显的变化。因此，16PF 测验不管是测验效度还是测量常模，都出现了不适应当今经济社会的地方，需要得到进一步的发展和改良。16PF 在国际上也颇有影响，自成立以来已被翻译成超过 35 种语言，并经过本土化后修订成各国版本，包括德、意、日、法等多国版本。

三、问卷编制

（一）理论基础

人格分类研究从最初的气质类型说开始，经历较长一段时间后出现了特质说，并在气质类型说与特质说的基础上产生了不同的分类理论。作为气质类型说的鼻祖人物之一，古希腊医生希波克拉底认为人体含有 4 种基本的体液，每种体液与一个特定的气质类型（一种情绪和行为的模式）相对应，个体的人格是由体内何种体液占主导所决定的。希波克拉底将与人格气质对应的体液依据不同配置得出了 4 种人格类型：多血质——快乐、好动；黏液质——缺乏感情、行动迟缓；抑郁质——悲伤、易哀愁；胆汁质——易激怒、易兴奋。

与气质类型说不同，特质心理学家们认为，特质是个体持久的品质或特征，这些品质或特征使个体在各种情况下的行为都具有一致性，并且人格结构与特质是密不可分的，一个人的人格结构就是由特质组成的，人的行为和思想也是由特质引发的。因此，特质可以理解为一种神经心理结构，我们可以通过外显的行为来推知特质的存在，并且任何人的任何行为都处在一个特质连续体的某一位置上（杨永明，2000）。特质概念便是特质心理学家们建立人格理论的基石。

卡特尔（1975）是人格特质理论的主要代表人物，他认为人格的基本结构元素是特质，并将人格特质区分为 4 种向度：①表面特质和根源特质。表面特质是指一组看上去是关联的特征或行为，是一种行为的观察。根源特质是行为的最终根源和原因，是人格结构的基本元素，它影响或控制着一簇表面特质。②独有特质和共同特质。所有社会成员所共有的特质为共同特质，而每个个体所单独具有的不同特质为独有特质。③体质性特质和环境养成特质。由内部的生理状态或遗传因素所决定的特质称为体质性特质，而由环境影响而形成的称为环境养成特质。④能力特质、气质特质与动力特质。卡特尔将决定一个人处理事情或问题的成效的特质称为能力特质。例如最重要的一种能力特质就是智力。另一些特质是由遗传决定的，反映了一个人的情绪、情感风格，这些特质被称为气质特质。动力特质则是反映人格动力的特质（黄希庭，2002）。

卡特尔认为人的气质类型没有好坏之分，通过对现实中人们的实验研究，他发现人格特质有 1/3 是由遗传决定的，有 2/3 是由环境决定的（Samuel, et al., 2010）。同时随着个体年龄的增大，特质具有相当大的稳定性，人格虽有动态变化的一面，但总的来说是稳定的。这也体现了人格特质理论的两个重要假设：首先是人格特质在时间上是相对稳定的。即在人格特质问卷的使用中，成年人的测验分数确实具有跨时间的稳定性。其次是人格特质具有跨情境的稳定性。例如，攻击性较强的人在纠纷或在竞技体育比赛中，都可能会表现出比平均水平更高的攻击性。在此基础上，卡特尔（1970）将理论探讨和科学测量结合起来，采用归纳—假设—演绎的方法，找到复杂人类行为中那些相对而言更加稳定和综合的特质，得出 16 种人格因素：乐群性（A）、聪慧性（B）、稳定性（C）、恃强性（E）、兴奋性（F）、有恒性（G）、敢为性（H）、敏感性（I）、怀疑性（L）、幻想性（M）、世故性（N）、忧虑性（O）、实验性（Q1）、独立性（Q2）、自律性（Q3）、紧张性（Q4），并将这 16 种因素称为根源特质，因为他认为这 16 种因素是表面行为的潜在根源，而这一根源就是我们通常所说的人格。

（二）问卷研究方法

卡特尔主要采用词汇学和因素分析法编制 16PF。

1. 词汇学方法

卡特尔假设"几个世纪以来，在紧急需要的压力下，一个人可能影响另一个人的行为的每一个方面都已经被某种语言符号处理了"（Cattell，1943）。这种认为人类特质的所有重要方面随着时间的推移都被编码在我们的语言中的想法被称为"词汇假设"（Galton，1884）。词汇学取向首先假设自然语言中包括了所有重要的个体差异（Galton，1884）。随着时间的推移，人们会注意到重要的人际差异，并创造一些词语来描述这些差异，如靠谱的、脾气好的和以自我为中心的。人们发现这些用来形容特质的词对于描述和沟通信息很有帮助，因此这些形容特质的词逐渐就传播开来，而那些对沟通没有用的词就逐渐消失了。此外，词汇学取向还提出识别重要特质的两个明确标准：同义词频和跨文化的普遍性（Saucier，2003）。同义词频标准意味着，如果用来描述某一属性的形容词不仅仅有一两个，而是有 6 个甚至更多，那么该属性就是个体差异的一个更重要的维度（Saucier & Goldberg，1996）。比如外倾性这个个体差异维度，很多词都可以描述这个维度，如活泼、热情、乐观、爱冒险等。这些同义词每个都表达了外倾性的细微的差别，这不仅说明外倾性是一种重要的特质，而且还说明了外倾性的不同方面在社会沟通中的差异性。跨文化的普适性是词汇学取向中识别重要特质的第二条重要标准。这条标准的逻辑是，如果一种特质在所有文化中都重要到足以使人们在语言中形成描述它们的词汇，那么该特质必定对人类交往有着普遍重要性（Saucier & Goldberg, 2001）。相反，如果一种特质仅存在一种或少数几个语言中，而在大多数语言中完全找不到，那么该特质只具有局部适用性，这样的特质不太可能被纳入人格特质的普适性分类。

2. 因素分析法

因素分析技术是用共同性来识别一般和特殊因素的一种技术，卡特尔在伦敦大学学习期间掌握了因素分析法，并将其应用到了 16PF 的开发中。以往的人格特质心理学家一般从微观的角度研究人格，根据现实的表现来猜测个体存在的人格特质（Friedman, et al., 1976），而卡特尔则是使用经验主义的方法，从宏观角度首先确定人类所具有的所有人格特质。卡特尔认为在研究人格特质之前，并不需要先入为主地进行分类，或者将某个人的突出特点作为他的特质类型。他将来自生活记录材料、问卷材料和客观测验材料的三方面数据进行统计处理，把用来描述人格的几百种特质通过测量，将高度相关的特质划入同一个人格维度（Brown, et al., 1998）。具体而言，他将众多的人格特质名称用因素分析方法合并为 35 个特质群，又进一步分析得出 16 个根源特质，由此而制订了 16PF。

（三）问卷编制过程

卡特尔在戈登·奥尔波特和亨利·奥德伯特（1936）的工作之后开始了他的人格研究，奥尔波特和奥德伯特是第一批全面尝试开发使用特征描述人格框架的人。受词汇假设的影响，他们检查了韦伯斯特 1925 年新国际词典并生成了 17953 个与人格相关的术语列表（Cattell, 1943；Hewstone, 2005）。正是这份被称为"特质范围"的清单，为卡特尔确定人类人格基本结构的开创性工作奠定了基础。

在完成检查字典中所有与人格相关术语的任务后，卡特尔将庞大的术语列表进行了压缩。他先将这份清单整理成 4500 个描述人格特征的单词，继而又将这个列表细化为一组足够简短的变量来用于因素分析（Cattell, 1943）。具体操作过程如下：首先，卡特尔将该列表进行语义聚类程序处理，独立地将人格列表分为同义词组，同时反义词也包含在同义词组中。这个过程成功地将原来的 4500 个词条浓缩为 160 个类别。并且为了使列表尽可能完整，他从心理学文献中找出"兴趣"和"能力"等词条并添加，使最终列表达到 171 个项目（Cattell, 1943；Tucker, 2009）。由于这个列表对于因素分析来说仍然太庞大，他试图通过使用经验聚类程序进一步缩减列表。为此，他收集了 100 名受试者的 171 个人格特征的评分，每名受试者都由一位熟人来判断在每个特征上是高于还是低于平均水平，以及如果该特征是成对出现的，哪一个最能描述他们，例如，是否易怒或好脾气（Cattell，1943；John，2008；Tucker，2009）。通过计算和检查每对特征之间的相关系数，卡特尔（1943）在变量中总共发现了 67 个聚类。其次，他又通过以下方法将其缩减为 35 个聚类：①消除了一些较小的、不太可靠的聚类；②在两个或三个聚类重叠的情况下使用单个"核"聚类；③剩下的聚类只使用那些已经被其他研究人员证实的部分（Cattell，1945）。随后，卡特尔和他的同事为寻找人格的主要维度，进行了一系列因素分析研究（John，1990）。在进行这些研究时，他使用了 3 种不同的评估方法，并将其分别标记为：L 数据（生活记录）、Q 数据（问卷）和 T 数据（测试）。L 数据是指通过观察者对自然环境中个人行为的评估收集的信息（Schultz，2005）。Q 数据来自问卷，问卷要求参与者根据对自己的观察和内省直接回答关于自己的问题（Liebert & Spiegler，1970）。T 数据是在个体不知道其正在从事行为的某些方面的情况下收集的信息（Schultz，2005）。其中，Q 数据和 T 数据的主要区别在于 Q 数据依赖于个体对自我特征的感知，而 T 数据是对个体特征的解释（Cattell，1943）。

在他的第一项研究中，卡特尔收集了 20 名不同职业成年男性的 35 个人格变量的 L 数据，数据经因素分析后总共产生了 12 种因素（Cattell，1945）。随后卡特尔试图确定这些因素是否为基本的人格特征。在第二项研究中，他从 133 名平均年龄 20 岁的男大学生中获得了 L 数据，经数据分析产生了 11 种因素，其中有 9 种与第一项研究相同，还有 1 种是新出现的。在第三次研究中，卡特尔（1948）对 240 名平均年龄为 20.7 岁的本科女学生的数据进行了第三次因素分析，再次发现 11 种因素，其中 10 种与前两项研究中发现的完全相同。至此卡特尔总共发现了 14 种因素，其中 7 种因素出现在所有三项研究中，6 种出现在其中的两项研究中，1 种只出现了 1 次（Tucker，2009）。为了确定这些从 L 数据中获得的因子是否会出现在不同类型的数据中，卡特尔随后使用 T 数据和 Q 数据进行了一系列研究（Tucker，2009），他从 T 数据研究中提取了总共 11 种因素，从 Q 数据研究中提取了 19 种因素，并且将这些研究中发现的因素以及前三项 L 数据研究中发现的部分因素最终共同组成了16PF 的内容。

四、问卷内容及信效度

（一）问卷人格因素分析

1. 16 种人格因素分析

从理论上来讲，16 种因素中各因素间是相互独立的且代表不同的含义，每一个因素的测定通常由其相应的分问卷的例题测得，本书将以每个因素相应分问卷的典型例题简单举例并阐明具体因素含义特征，见表2-3。

表2-3 16PF各因素含义特征及相应分问卷典型例题

因素名称	含义特征	相应分问卷的典型例题
乐群性（A）	高分者外向、热情、乐群；低分者缄默、孤独、内向	在阅读时我愿意看： A. 有关太空旅行的书 B. 不太确定 C. 有关家庭教育的书
聪慧性（B）	高分者聪明、富有才识；低分者迟钝、学识浅薄	本题后面列出的三个词，哪个与其他两个词不同类： A. 狗 B. 石头 C. 牛
稳定性（C）	高分者情绪稳定而成熟；低分者情绪激动不稳定	即便是关在铁笼里的猛兽，我见到也会惴惴不安： A. 是的 B. 不一定 C. 不是的
恃强性（E）	高分者恃强固执、支配供给；低分者谦虚顺从	我总是不敢大胆批评别人的言行： A. 是的 B. 有时如此 C. 不是的
兴奋性（F）	高分者轻松兴奋、逍遥放纵；低分者严肃审慎、沉默寡言	我喜欢看电影或参加其他娱乐活动： A. 比一般人多 B. 和一般人一样 C. 比一般人少
有恒性（G）	高分者有恒负责、重良心；低分者权宜敷衍、原则性差	在服务机关中，对上级的逢迎得当，比工作上的表现更为重要： A. 是的 B. 介于AC之间 C. 不是的
敢为性（H）	高分者冒险敢为，少有顾忌，主动性强；低分者害羞、畏缩、退却	在社交场合中，如果我突然成为众所注意的中心，我会感到局促不安： A. 是的 B. 介于AC之间 C. 不是的
敏感性（I）	高分者细心、敏感、好感情用事；低分者粗心、理智、着重实际	我宁愿阅读： A. 军事与政治的事实记载 B. 不一定 C. 一部富有情感与幻想的作品
怀疑性（L）	高分者怀疑、刚愎、固执己见；低分者真诚、合作、宽容、信赖随和	我常常怀疑那些出乎意料的，对我过于友善的人的诚实动机： A. 是的 B. 介于AC之间 C. 不是的
幻想性（M）	高分者富于想象、狂放不羁；低分者现实、脚踏实地、合乎成规	我所希望的结婚对象应擅长交际而无须有文艺才能： A. 是的 B. 不确定 C. 不是的
世故性（N）	高分者精明、圆滑、世故、人情练达、善于处世；低分者坦诚、直率、天真	从事体力或脑力劳动后，我比平常人需要更多的休息才能恢复工作效率： A. 是的 B. 介于AC之间 C. 不是的

因素名称	含义特征	相应分问卷的典型例题
忧虑性 (O)	高分者忧虑抑郁、沮丧悲观、自责、缺乏自信;低分者安详沉着、有自信心	在处理一些必须凭借智慧的事务中,我的父母的确: A. 较一般人差 B. 普通 C. 超人一等
求新性 (Q1)	高分者自由开放、批评激进;低分者保守、循规蹈矩、尊重传统	我认为只要双方同意就可以离婚,不应当受传统礼教的束缚: A. 是的 B. 介于AC之间 C. 不是的
独立性 (Q2)	高分者自主、当机立断;低分者依赖、随群附众	我希望我的爱人能够使家庭: A. 有其本身的欢乐与活动 B. 介于AC之间 C. 成为邻里社交活动的一部分
自律性 (Q3)	高分者知己知彼、自律谨严;低分者不能自制、不守纪律、自我矛盾、松懈、随心所欲	逛街时,我宁愿观看一个画家写生,而不愿听人家的辩论: A. 是的 B. 不一定 C. 不是的
紧张性 (Q4)	高分者紧张、有挫折感、常缺乏耐心、心神不定,时常感到疲乏;低分者心平气和、镇静自若、知足常乐	有时我会怀疑别人是否对我的言谈真正有兴趣: A. 是的 B. 介于AC之间 C. 不是的

2. 二阶人格因素分析

卡特尔在原本的16种一阶人格因素基础上,还进行了二次综合的分析,即二阶因素分析,最终得到了4种二阶因素(Cattell,1974)。具体4种二阶因素分析如下。

1)感情用事与安详机警性

感情用事与安详机警性是由5种一阶因素组成的,分别为乐群性(A)、敏感性(I)、世故性(N)、自律性(Q3)、稳定性(C),其因子载荷分别为0.56、0.53、0.48、0.29、0.25。在这个二阶因素中,低分者常表现为感情丰富,情绪多困扰不安,通常感觉挫折气馁,遇到问题需要经过反复考虑才能决定,平时较为含蓄敏感,讲究生活艺术;高分者安详警觉,果敢刚毅,有进取精神,但常常过分现实,忽视了许多生活的情绪,遇到困难有时会不经考虑,不计后果,贸然行事。

2)适应与焦虑性

适应与焦虑性是由5种一阶因素组成的,分别为自律性(Q3)、忧虑性(O)、紧张性(Q4)、怀疑性(L)、稳定性(C),其因子载荷分别为0.66、0.62、0.62、0.54、0.53。在这个二阶因素中,低分者生活适应顺利,通常感觉心满意足,但极端低分者可能会表现为缺乏毅力、事事知难而退、不肯艰苦奋斗与努力；高分者不一定有神经症，但通常易于激动、焦虑，对自己的境遇常常感到不满意。

3）内外向性

内外向性是由 6 种一阶因素组成的，分别为幻想性（M）、兴奋性（F）、乐群性（A）、求新性（Q1）、独立性（Q2）、世故性（N），其因子载荷分别为 0.51、0.48、0.45、0.42、0.38、0.33。在这个二阶因素中，低分者比较内向，容易感到害羞，与人相处一般比较拘谨不自然；高分者外倾，通常善于交际、不拘小节。

4）怯懦与果敢性

怯懦与果敢性是由 4 种一阶因素组成的，分别为求新性（Q1）、恃强性（E）、世故性（N）、有恒性（G），其因子载荷分别为 0.55、0.50、0.34、0.23。在这个二阶因素中，低分者常人云亦云，优柔寡断，受人驱使而不能独立，依赖性强，因而事事迁就，以获取别人的欢心；高分者常常自动寻找可以施展所长的环境或机会，性格方面通常比较独立、果敢、锋芒毕露、有气魄。

为进行 16PF 测验，首先需要向每位受测者发放一份答卷纸，并让其填写个人信息，包括姓名、性别、年龄、职业以及测验日期等信息（Bolton，1979）。其次，发给受测者测题，让其听主试朗读测题说明部分，并在主试的指导下完成 4 个例题，以掌握答题方法。随后，让受测者自行完成正式测验。在 16PF 测验中，有两种计分方式：原始分和标准分。原始分是指个人得分，通常使用模板记分；标准分是指标准化过后的原始分数。每个项目有 3 个选项：A（是的）、B（介于 AC 之间）、C（不是），分别记为 0、1、2 分或 2、1、0 分，根据受测者对每个项目的回答进行计分。

在实际操作时，需要使用预先制作的两张有机玻璃记分套版，每张套版记 8 个因素的分数，A 版有机玻璃计分套版用于评估 16PF 中的前 8 个因素，B 版有机玻璃计分套版用于评估 16PF 中的后 8 个因素。其方法是：将套版套在答卷纸上，分别计算出每个因素的原始分数，并将其登记在剖面图左侧的原始分数栏内（Raymond et al.，1986）。16PF 的常模采用标准 10 分制。根据受测者的文化程度或职业种类，将受测者的各因素的原始分数转化为相应的标准分数，并与标准 10 分制的常模表进行比较，将其登记在剖面图左侧的标准分数栏内。接下来，在剖面图上找到各因素的标准分数点，并将它们相连，即可生成表示受测者人格特征的曲线图（Krug，et al.，2011）。根据剖面图上各因素的高分特征和低分特征的描述，可以初步解释受测者在 16PF 上的主要特点。但如果需要进一步解释，则需要参考《16PF 手册》中的文字描述。

（二）信度

1. 内部一致性

16PF 的国际版本的内部一致性符合标准。德语版的 16PF 的 α 系数为 0.74（Schneewind，Graf，1998），法语版 16PF 的 α 系数为 0.72（Rolland，Mogenet，1996），西班牙语版 16PF 的 α 系数为 0.73（Cattell，2005）。第五版 16PF 初级问卷的内部一致性置信区间为 0.77（Conn & Rieke，1994）。

就我国修订版而言，1981 年辽宁省教育科学研究首次修订出了辽宁省卡氏 16 种人格因素测验的常模，后被全国各地广泛地使用。祝蓓里（1988）等在此基础上于 1985 年着手对该问卷的全国常模进行了标定工作，从全国范围内按分层随机取样的要求收集了 2043 份问卷，结果表明，16PF 有着可接受的重测信度（$r=0.61$），并且与辽宁教科所 1981 年重测信度基本一致。

但是近年来随着时代的变迁，也有不同的声音和研究开始出现。易晓明（2008）的研究发现 16PF 中文版整体而言的信度系数都偏低，无论是纸笔测试总体还是网络测试总体，信度系数达到 0.60 左右水平的因素只有 5 种，达到 0.70 左右的水平的因素只有 2 种，不高于 0.40 的因素有 5 种，尤其是幻想性、世故性和忧虑性的信度很低。徐蕊、宋华森（2007）的研究也得出相似结果，即部分特质内部一致性系数较低。

2. 重测信度

16PF 初级问卷的重测信度在间隔时间为两周时，其信度为 0.72；在间隔时间为两个月时，其信度为 0.79（Conn & Rieke，1994）。其他国家的 16PF 也有较强的重测信度。例如，在 IPAT 发布的各个国家版本的 16PF 中，挪威版的 16PF 在间隔时间为两周时，其初级问卷的重测信度平均为 0.80；德国版的 16PF 在间隔时间为一个月时，其初级问卷的重测信度为 0.83；丹麦版的 16PF 在间隔时间为两周时，其初级问卷的重测信度为 0.86；法国版 16PF 在间隔时间为一个月时，其初级问卷的重测信度为 0.73。

（三）效度

16PF 属于自陈测验，近几十年来已被证明在理解和预测个体的各种重要行为方面效度较好。在教育方面，16PF 可以有效预测学业成绩（Schuerger，2001）、大学辍学特征、大学专业选择和社会适应等方面（Hartung，2005；Sanchez，2001）。此外，16PF 还被用于预测大学体育参与情况（Arora，2005）。在职业方面，16PF 在预测创造力、社交技能和同理心、婚姻相容性和领导潜能等领域具有有效性（Conn & Rieke，1994；Guastello & Rieke，

1993；Russell，1995）。然而，16PF 问卷中文版存在一些结构效度方面的问题，各因素之间彼此独立是问卷具有结构效度的必要条件。在易晓明（2020）的研究中发现，16PF 的敢为性和兴奋性等一些因素之间存在中等程度以上的相关，题目之间的相似度过高或许是因素之间相关程度过高的原因。关联效度方面，虽然大五人格和 16PF 都是广泛应用的人格测量问卷，但是目前关于二者或者 16PF 与其他问卷的关联效度研究较少，值得未来进一步探索。

（四）量表特性分析

1. 标准化

16PF 问卷在早期 1981 年测试表明，最高的忧虑因素的信度系数达到了 0.92，最低的是聪慧因素，其信度系数为 0.48，但该问卷分半信度不高（李绍衣，1981）。在效度方面，测试结果表明 16 种因素之间的相关较低，表明各因素之间是独立的。问卷项目的因素负荷在 0.73 到 0.96 之间，同一因素中各题的反应有高度一致性，即 16PF 问卷具有标准化特点（李绍衣，1981）。

2. 客观性

16PF 的结构较明确。具体而言，客观性是指在两个相反的选择答案之间有一个折中的或中性的答案，被试有折中的选择，这可以避免在是否之间必选其一的强迫性，所以被试答题的自发性和自由性较好。为了克服动机效应，也大都尽量采用了"中性"测题，避免含有一般社会所公认的"对"或"不对"、"好"或"不好"的题目，而且被选用的问题中有许多表面上似乎与某种人格因素有关，但实际上却与另外一人格因素密切相关。因此，受测者不易猜测每题的用意，有利于据实作答。从测题的排列上看，采取了按序轮流排列方式，这既能使被试保持作答时的兴趣，又有利于防止凭主观猜测题意去作答（Cattell，et al.，1986）。

3. 多功能性

16PF 与其他类似的测验相比较，能在有限的时间内测量到更多元的人格特征。在完成试题后，通过 16 种人格因素或分问卷上的得分和轮廓图，不仅可以反映受测者人格的 16 个方面中每个方面的情况及其整体的人格特点组合情况，还可以通过某些因素的组合效应，来获得关于被试性格内外向型、心理健康状况、人际关系情况、职业性向、在新工作环境中有无学习成长能力等信息。除此之外，从事专业能有成就者的人格因素符合情况、创造能力强者的人格因素符合情况、受测者的人格素质状况也可以有效获得，有时也会被作为临床诊断工具用于心理临床诊断（Cattell，2005）。

4．广泛性

16PF 的广泛性主要体现在以下几个方面。

（1）面向全球：16PF 是一种经过多语言翻译和跨文化验证的测验，适用于不同国家、地区、文化背景和人种的人群，能够提供跨文化的人格测量。

（2）可用于多种场景：16PF 不仅适用于学术研究和心理咨询领域，也可以应用于企业管理、人力资源管理、招聘和培训等场景。在企业管理中，16PF 可以帮助企业更好地了解员工的人格特点和职业素质，从而更好地进行招聘、人才培养和员工管理。

（3）可用于不同目的：16PF 不仅可以用于描述和理解个体的人格特点，还可以用于预测个体的行为、适应性和职业发展等。在教育领域，16PF 可以帮助学生选择适合自己的专业和职业发展方向；在心理咨询中，16PF 可以帮助心理咨询师更好地了解受访者的人格特点和问题所在，从而制订更有针对性的治疗方案。

（4）可以与其他工具结合使用：16PF 可以与其他人格测量工具和评估工具结合使用，如职业兴趣测验、情绪智力测验等，从而更全面地评估个体的心理特征和素质。

5．深刻性

卡特尔有长期的临床心理学经验，对麦独孤的本能心理学和弗洛伊德的精神分析理论有过专门研究。在他的特质理论中，不难发现本能心理学和精神分析理论的影响。他出生和受教育于英国，有着良好的人文主义素养，具有很强的直觉体悟和洞察能力。因此，他对人格结构和人格因素的解释具有整体性、动力性和深刻性。他甚至试图使其 16PF 分析成为一种"定量的精神分析"。当然，这种"整体性"和"深刻性"的努力也使得其他使用 16PF 的主测人员在解释测验结果时会遇到不同程度的困难（Cattell，2005）。

五、16PF 的中国化

（一）16PF 中文修订版情况

自卡特尔 16PF 出版后，国内出现了多个中文修订版。比如，美国密歇根大学心理学博士刘永和于 1963 年至 1970 年，曾先后从中国台湾、香港地区取样，修订出 16PF 的中译本及常模。1981 年，辽宁省教科所李绍衣修订中译本并建立辽宁省常模。1988 年，华东师范大学戴忠恒、祝蓓里修订上海市常模，并在全国范围内试用得到良好效果。16PF 第五版出版后，程嘉锡和陈国鹏（2006）进行了 16PF 第五版中文问卷的初步翻译与修订。

但就使用情况而言，在中国大陆，建立在 16PF 第三版的基础上的中文版问卷是唯一得到广泛使用的 16PF，并且至今仍在一定范围内被视为人格评定的有效工具继续使用。虽然程嘉锡和陈国鹏（2006）引入了 16PF 第五版，且该版本具有较好的重测信度和结构效度，但在内在一致性系数方面仍存在问题，因此并未投入使用。直到目前，中国大陆学者发表的以 16PF 为人格测量工具的实证研究仍然采用基于 16PF 第三版的问卷（易晓明，2020）。

（二）16PF 中文修订版信效度

程嘉锡和陈国鹏（2006）对 16PF 第五版中文修订版的研究表明，修订的问卷重测信度系数从 0.49（怀疑性因素）至 0.93（敢为性因素），内部一致性系数偏低，从 0.39（怀疑性因素）至 0.86（敢为性因素）。因素分析结果表明，16 种人格因素分问卷基本负荷了 5 个综合因素。第四军医大学的徐蕊、宋华淼（2007）等研究发现 16PF 中文版问卷虽然各因素的独立性较好，但是部分特质内部一致性系数较低，这可能是特质内一些所属题目符合度较差造成的，认为需要对中文版做进一步的修订。易晓明（2020）认为，16PF 问卷整体而言信度偏低，结构效度也存在问题，并认为信度和效度的问题源于问卷设计本身。

（三）16PF 在我国的应用

16PF 的应用在我国涉及范围较广，多为选拔、检验和预防等用途。在医疗行业中，张国帅和南兴建（2021）的研究发现，16PF 在公立医院硕士及以上学历人才招聘中能有效发挥作用，可以将 16PF 的评估结果与应聘者入职后表现进行长期的跟踪对照，从而有效检验并完善模型。孙新风等（2016）的研究发现，采用 16PF 测量的护士人格特征与其职业发展、职业角色都有相关关系。在企业管理板块，蔡圣刚（2010）发现 16PF 在企业的人力资源管理中，可以用于人才选拔、人员安置和员工培训等方面的工作，合理利用结果实现人岗匹配，有利于实现双赢。在政府用人板块，李艳红、王丽萍（2009）指出16PF 也建议用于现阶段党政领导干部的人格特征研究，不同性别、年龄段、行政级别和受教育程度的领导干部，其在某些方面的人格特征上表现出差异性，需要及时跟进并提出对应措施。在教育及教育辅导中，16PF 是了解学生既方便又可靠的工具，16PF 可以在较短的时期内对学生的个性有较全面和客观的了解，从而可以使教育"因材施教"。家长客观地了解自己的孩子，可以减少主观想象，恰如其分地"帮子成龙"；学生本人也只有全面认识自己，才能有效地塑造自己。特别是对健康状况正常，但有学习降低的学生进行心理辅导（咨询）时，更需要对咨询者的了解，才能对其进行有效的辅导和治疗。

除此之外，16PF还被广泛应用于心理障碍、心身疾病的预防、诊断、治疗。心理障碍的预防有赖对病因的了解，对心理障碍及心身疾病的治疗必须以正确的诊断为前提，正确的病因了解和诊断又都必须以可靠的资料为依据，而16PF正是了解心理障碍的个性原因、心因性疾病诊断支持的重要方法之一。它在以下两方面都能提供很好的帮助：一是在良好的医患关系前提下才能处治行取得满意的结果；二是要根据"患者"的个性特点选择适合个体的具体方法（王益明，1997）。在临床研究方面，卡特尔将16PF应用到犯罪、焦虑症、强迫症等问题的测量上，发现这些患者和正常人存在很多人格上的差异。正是由于这些差异的存在，使得患者在心理和情绪上产生异常，从而导致行为异常，甚至引发违反社会规范和社会道德的犯罪行为。这些研究结果对治疗具有很大的启发，如果可以找到偏差行为的根本原因，人们就可以通过改善和完整人格的方式，对患者进行引导，降低或提升他们的某一项人格因素分数，来减少他们的偏差行为。此外也有研究发现，除了在神经症方面存在人格差异，在躯体疾病方面也存在人格差异，那些容易患高血压、心血管等慢性疾病的患者，在某些人格因素上也不同于其他人（俞国良，罗晓路，2016）。

六、不足与展望

除了前文中提到的16PF缺乏与同类的人格问卷进行比较这一不足之外，就时间性而言，16PF（中文版）的题目已久未经修订，而中国人的行为方式和观念都有了一些变化，早期修订问卷题目的理由和标准也与现在存在差异，这其实也从侧面反映出了16PF（中文版）不断修订的必要性。第四军医大学的徐蕊、宋华淼（2007）的研究也提示到，如果重新修订16PF（中文版）的题目，或许可以使根源特质的内部一致性提高，人格因素适配指标值也会有所提高。

除此之外，虽然用因素分析建构问卷是16PF测试的一大亮点，但易晓明（2020）在其关于16PF第三版中文修订的研究中发现，运用因素分析构建问卷的实际效果似乎并不理想，他认为这可能与当时具体的分析方法和统计软件的发展水平都比较低有关。而目前这两方面都有了长足进步，因此在未来我们可以尝试用现行的因素分析方法对已经有的历史数据进行处理，重构出一个既能够保留原问卷精华，又可以有效避免原问卷信效度问题的框架，最终获得一个更科学、更符合社会发展现状的人格评定工具。

第三章 心理健康

第一节 90 项症状自评量表

90 项症状自评量表（Symptom Check - List - 90，SCL - 90）是由 Derogatis 于 1973 年编制的，被广泛用于评估个体心理健康和精神病理症状相关问题的自评量表，主要反映精神病人和有躯体疾病病人的心理症状，也广泛应用于正常人群，是当前国内心理健康领域应用最多的量表。本节将回顾 SCL-90 的发展历史，介绍其维度构成和施测及计分方式，分析量表的信度和效度以及在我国的本土化进程，介绍中国常模的建立与演变，并针对量表目前的不足尝试提出改进建议。

一、引言

一般人争吵——小明："你有病。"小红："你才有病。"小明："你有神经病。"小红："你有精神病。"

心理学人争吵——小明："你有病！"小红："我做了 SCL-90，我躯体化、强迫症状、人际关系敏感、抑郁、焦虑、敌对、恐惧、偏执和精神病性各个因子得分都在正常范围。所以，我没病！"

有研究表明，我国居民心理健康形势严峻。根据世界卫生组织系列研究，2013 年我国精神疾病和物质滥用负担占全国疾病总负担的 10%，占全球精神疾病和物质滥用总负担的 17%，2015 年上升至 19%（史晨辉等，2019）。《健康中国行动（2019—2030 年）》指出，我国以抑郁障碍为主的心境障碍和焦虑障碍患病率总体呈上升趋势。虽然近年来我国高度重视心理精神卫生工作，出台了多项文件加强心理精神卫生防治体系建设，但市场规模显示，我国约有 1600 万需要住院治疗的精神疾病患者、8000 万需要服药治疗的心理疾病患者、

2.5 亿需要心理咨询的心理障碍人群、7 亿需要心理帮助的心理亚健康人群（于海洋，2017）。而截至 2017 年年底，我国精神科医师共 3.34 万人，心理治疗师仅约 6000 人，能够提供专业心理咨询服务的心理咨询师不到 3 万人。在这种情况下，一种便利、快捷、能有效筛查和自查心理精神健康状况的方式能为相关工作的顺利开展提供不少的便利，而 SCL－90 就是较为理想的测量工具。

当前，心理学和精神病学有两个特别值得注意的发展：一是心理和精神疾病的分类已成为描述性的，二是标准化评估方法的使用在迅速增长（Myers & Winters，2002）。这两个发展背后的原因是对可靠性测验的需求：医生们可以就某些病人的所患症状达成一致，从而使描述性分类变得可靠；标准化的方法，如评分表，能够较为可靠地对心理学和精神病学研究结果进行比较和对话（Corcoran & Fischer，2013）。SCL－90 作为一份自我报告清单，包含比较广泛的心理精神卫生内容，从感觉、情绪、思维、意识、行为至生活习惯、人际关系、饮食睡眠等均有涉及，是较为理想的心理和精神健康测量和筛查工具，目前已被广泛使用。

二、量表简介

SCL－90 是世界上最为著名的心理健康测试量表之一，也是当前国内使用最为广泛的自评量表，能协助个体了解自己的心理健康程度。作为检查量表，它不仅在精神障碍和心理疾病门诊中广为使用，也常被普通民众用来检查自身的心理健康情况，这得益于其可获得性、专业性以及心理学界的较高认可度。

（一）发展历史

20 世纪上半叶，两次世界大战对士兵需求量增大，加之对精神病理学认识的提高，迫切需要开发一种有效的心理健康筛查工具。为满足这一需求，一份名叫伍德沃斯个人数据表（Woodworth Personal Data Sheet，WPDS）的自我报告工具于 1918 年首次出版，旨在关注士兵的情绪、心理问题和评估士兵的情绪稳定性。WPDS 通过识别筛查在战斗中适应能力差的危险士兵为战场带来了实际的效益（Gibby & Zickar，2008），也为研究人员、临床医生和决策者提供了一种低成本、高效益且基础广泛的心理健康筛查手段。这种测量方法可以评估临床医生难以直接观察到的症状，如主观上的痛苦，也可以更有效地评估精神症状，特别是在训练有素的临床医生数量有限时。WPDS 在心理测量学的发展领域起到了重要的催化剂作用，影响到了随后许多心理健康筛查工具的发展。

第二次世界大战期间，康奈尔医学索引（Cornell Medical Index，CMI）（Brodman，et al.，1952）被设计用来筛选新兵，目的是节省医生的时间同时提高临床诊断的准确性。1954 年，有学者在 CMI 一系列症状内容基础上补充了其他项目，编制出了不适感量表（Discomfort Scale），主要是作为心理治疗研究的改进措施而开发的。

鉴于自评量表的诸多优点，其在接下来几十年里迅速发展。1965 年，在不适感量表基础上，不同研究人员对项目进行多次补充和修订，编制了包含 64 个题项的霍普金斯症状检查表（Hopkins Symptom Checklist，HSCL），这成为一个精神药物试验标准测量的问卷最初版本。HSCL 系列量表显示了一定的可靠性和有效性，但其临床用途较为有限：首先，并非所有心理学和精神病学领域症状都被 HSCL 所覆盖，有些项目未被包含在 5 个主要维度中或同时被包含到多个维度中，给测量结果带来了干扰；其次，HSCL 没有类似的临床医生评分量表，也没有被规范地用于被试。

为克服这些限制，Derogatis 和他的同事于 20 世纪 70 年代早期设计一种新的测量工具，即 SCL-90（Derogatis，et al.，1973）。SCL-90 基于理论和经验的推导，删除了 HSCL 5 个主要症状维度的某些项目，增加了 4 个新的症状维度（包含 45 个新项目），包括敌意、恐惧性焦虑、偏执意念和精神病性；同时，对每个项目采用五点计分方式，使症状敏感性有了更大的变异范围。量表基于心理测量技术进行了细微的修改，例如替换、修改了焦虑和强迫症维度部分项目的进测试说明等，形成了 SCL-90 最终版本。1976 年，SCL-90 修订版（SCL-90-R）正式出版，内容与 SCL-90 几乎相同，仅仅在焦虑量表中有两个问题不同以及其他几个项目上有些微小改动（Derogatis，2010）。SCL-90 和 SCL-90-R 两个版本都被广泛使用。SCL-90-R 可与解释手册一起购买，手册中包括不同的精神病人群和非精神病人群的标准。为了适应临床工作，SCL-90-R 的分数被转换成标准 T 分数，参考测试手册提供了基于适当人群的标准分数。正常人群的 T 分数范围记为 40～60 分，平均 T 分数为 50 分。

简明症状量表（Brief Symptom Inventory，BSI）（Derogatis & Melisaratos，1983）是 SCL-90 的一个包含 53 个项目的简版量表，其包含的项目均选自 SCL-90各因子中具有较高因子载荷的题项，主要从躯体化、强迫症、人际敏感、抑郁、焦虑、敌对、恐惧性焦虑、偏执观念和精神病性 9 个方面来测量情绪行为和认知；同时包含 4 个不针对任何一个领域的项目。该量表有总分（GSI）、阳性项目数（PST）和阳性项目均分（PSDI）3 个评分标准。

BSI-18（Derogatis，2000）是 BSI 的一个包含 18 个项目的简版量表，由 3 个包含 6 个项目的子量表组成，分别是躯体化、抑郁和焦虑，作为精神障碍和心理健康的简便筛查工具。

以上两种工具虽然都可以被用来测量被试心理健康状况，但并不是用作诊断工具的，而是用来识别医疗人群、精神病患者和社群非患者的心理症状的，对男性和女性有单独的常模。BSI 是以六年级的阅读水平编写的，有超过 24 种语言的版本，可以对 13 岁及以上（BSI）或 18 岁及以上（BSI-18）的人进行施测。两种量表都采用五点计分方式，用以评价过去 7 天内（或指定的其他时间间隔）某个具体问题对他们的困扰程度。

被试的最终得分由个体每个症状维度的数值相加，然后除以各自维度中认可的项目数而确定。两种测量方法都有计算机管理、计分和解释程序。原始分数可以转换为 T 分数，生成一个曲线图，通过图示的方式来说明被试者当前的心理症状表现。对 BSI 的解释可以从总体分数、主要症状维度以及离散症状 3 个层面来进行（Derogatis & Melisaratos，1983）。

BSI 和 BSI-18 的优点是可以快速完成并用于重复评估，且对轻度到重度的心理困扰都很敏感，适用于多种人群；缺点包括与自我报告测量相关的典型问题，如可能的病人反应偏差和多报或少报，以及对某些医疗目标人群的有限效用，因此可接受的规范很少。此外，BSI 的某些项目可能与身体和认知症状密切相关，这可能使研究者产生一定顾虑（Slaughter，et al.，1999）。

（二）适用范围

SCL-90 适用于 16 岁以上的人群，它不仅可以进行自我测查，也可以对他人进行核查，当发现受测者得分较高时，则提示进一步筛查。对有心理精神症状（即有可能处于心理障碍或心理障碍边缘）的人来说，该量表有良好的区分度，适用于测查个体是否有心理精神障碍、有何种心理精神障碍及其严重程度如何，但不适用于对躁狂症和精神分裂症的测量。

（三）量表维度

SCL-90 由 90 个自我评定项目组成，包含躯体化、强迫症状、人际关系敏感、抑郁、焦虑、敌对、恐惧、偏执及精神病性 9 个因子，以及一个未归为上述因子项目的其他项，主要反映睡眠及饮食情况。

躯体化因子共 12 项，主要反映身体不适感，包括心血管、胃肠道、呼吸及其他系统的不适，头痛、背痛、肌肉酸痛，以及焦虑等躯体不适表现。该分量表的得分在 12~60 分之间，得分在 36 分以上，表明个体在身体上有较明显的不适感，并常伴有头痛、肌肉酸痛等症状；得分在 24 分以下，表明躯体症状表现不明显。

强迫症状因子共 10 项，主要反映临床上的强迫症状群，即那些明知没有必要但又无法摆脱的无意义的思想、冲动和行为，还包含一些比较一般的认知障碍的行为象征。该分量表的得分在 10～50 分之间，得分在 30 分以上，表明强迫症状较明显；得分在 20 分以下，表明强迫症状不明显。

人际关系敏感因子共 9 项，主要是指某些人际的不自在与自卑感，特别是与其他人相比较时。在人际交往中的自卑感、心神不安、明显的不自在以及人际交流中的不良自我暗示、消极的期待等是这方面症状的典型原因。该分量表的得分在 9～45 分之间，得分在 27 分以上，表明个体人际关系较为敏感，人际交往中自卑感较强，并伴有行为症状（如坐立不安，退缩等）；得分在 18 分以下，表明个体在人际关系上较为正常。

抑郁因子共 13 项，反映临床上与抑郁症状群相联系的广泛概念，主要以苦闷的情感与心境为代表性症状，以生活兴趣的减退、动力缺乏、活力丧失等为特征，还表现出失望、悲观以及与抑郁相联系的认知和躯体方面的感受，同时包括有关死亡的思想和自杀观念。该分量表的得分在 13～65 分之间，得分在 39 分以上，表明个体的抑郁程度较强，对生活缺乏足够的兴趣，缺乏运动活力，极端情况下，可能会有想死亡的思想和自杀的观念；得分在 26 分以下，表明个体抑郁程度较弱，生活态度乐观积极，充满活力，心境愉快。

焦虑因子共 10 项，主要是指在临床上明显与焦虑症状群相联系的精神症状及体验，一般指那些烦躁、坐立不安、神经过敏、紧张以及由此产生的躯体征象，如震颤等。该分量表的得分在 10～50 分之间，得分在 30 分以上，表明个体较易焦虑，易表现出烦躁、不安静和神经过敏，极端时可能导致惊恐发作；得分在 20 分以下，表明个体不易焦虑，易表现出安定的状态。

敌对因子共 6 项，主要从思维、情感及行为三方面来反映病人的敌对表现，其项目包括厌烦的感觉、摔物、争论直到不可控制的脾气暴发等各方面。该分量表的得分在 6～30 分之间，得分在 18 分以上，表明个体易表现出敌对的思想、情感和行为；得分在 12 分以下，表明个体容易表现出友好的思想、情感和行为。

恐惧因子，共 7 项，与传统的恐惧状态或广场恐惧所反映的内容基本一致，包括对出门旅行、空旷场地、人群或公共场所、交通工具及社交的恐惧。该分量表的得分在 7～35 分之间，得分在 21 分以上，表明个体恐惧症状较为明显，常表现出社交、广场和人群恐惧；得分在 14 分以下，表明个体的恐惧症状不明显。

偏执因子共 6 项，主要是指投射性思维、敌对、猜疑、妄想、被动体验和夸大等。该分量表的得分在 6～30 分之间，得分在 18 分以上，表明个体的偏执症状明显，较易猜疑和敌对；得分在 12 分以下，表明个体的偏执症状不明显。

精神病性因子共 10 项，包含幻听、思维播散、被洞悉感等反映精神分裂症状项目，反映各式各样的急性症状和行为，即限定不严的精神病性过程的症状表现。该分量表的得分在 10～50 分之间，得分在 30 分以上，表明个体的精神病性症状较为明显；得分在 20 分以下，表明个体的精神病性症状不明显。

除此之外，还有 7 个项目未能归入上述因子中，主要反映个体的睡眠及饮食情况，在有些资料分析中，将之归为因子"附加项目"或"其他"，作为第 10 个因子来处理，以便使各因子分之和等于总分。总的来说，个体在任一维度上的得分越高，对应症状越明显。

（四）量表评分指标

SCL－90 的统计指标主要包括总分和因子分两项。

总分项目包括以下几个部分：一是总分，以 90 个项目的各项得分之和来表示，主要反映个体心理异常的严重程度；二是总均分，以总分除以总项目数的结果来表示，反映从总体来看受检者个体自我感觉的症状严重程度；三是阳性项目数，即单项分≥2 的项目数，表示受检者在多少项目上呈有"症状"；四是阴性项目数，即单项分＝1 的项目数，表示受检者"无症状"项目数量；五是阳性症状均分，用（总分－阴性项目数）/阳性项目数的结果来表示，是受检者在"有症状"项目中的平均得分，反映了受检者自我感觉不佳项目的严重程度。

因子分由组成某一因子的各项总分除以组成某一因子的项目数的结果来表示，反映受检者在某一因子方面的心理精神健康状况。当个体在某一因子的得分超出正常均分时（>2），则个体在该方面很有可能有心理健康问题。通过计算因子分可以了解受检者在躯体化、人际关系敏感、抑郁、焦虑等 10 个方面的具体症状表现。

一般来说，总分超过 160 分或阳性项目数超过 43 项，任一因子分≥2 分，则提示心理健康状况可能存在异常，需要更进一步检查。目前普遍将因子总分≥200 分或任一因子分≥3 分作为心理异常的判定标准，表示受试者有中等程度以上的心理健康问题。受试者的测评分值越高，说明其心理障碍越严重或心理健康状况越差。

（五）测量结果报告的形式

SCL-90 有 3 种报告形式可选，包括轮廓报告、解释性报告、进度报告。

1. 轮廓报告

轮廓报告提供 9 个症状维度和 3 个总体指标的原始分数和标准化分数。对于成人，T 分数报告选择常模取决于选择的样本是正常人还是病人、是门诊病人还是住院病人。对于青少年，分数报告则使用正常青少年常模。

2. 解释性报告

除了提供来自 9 个主要症状维度和总体指标外，解释性报告还可以提供被试在总体水平上的一般性描述和个别症状量表分数的详细描述。此外，报告的症状征兆部分不仅列出了确认症状所呈现出的失调的模式和强度，还列出了被试所有项目对应程度的描述，这些描述对理解被试当前状况以及临床医生后续治疗有很大价值。

3. 进度报告

进度报告主要是用于追踪被试随时间的推移而产生的变化，以图解形式显示被试在以前所测 SCL-90-R 的分数基础上每个分量表的发展变化，主要以正常人常模为基础。

三、信度和效度

（一）信度

1. 内部一致性信度

SCL-90 的内部一致性系数已经在不同的人群中得到验证，如正常人群（Derogatis 1983）、精神病患者（Rauter，et al.，1996）、药物滥用患者（Zack，et al.，1998）以及癌症患者（Fitch，et al.，1995），这些研究都表明 SCL-90 的内部一致性很好。例如，在一项对 209 名有症状的志愿者的研究中，各分量表的 Cronbach's α 系数介于 0.77 至 0.90 之间（Derogatis，et al.，1976）。

2. 重测信度

SCL-90-R 的重测信度在一系列的病人群体和测试—重测间隔中通常是良好的（Derogatis，2000）。例如在一项研究中对 94 名精神病患者进行了为期 1 周的重测，评估随时间推移的重测信度或一致性，Cronbach's α 系数介于 0.78 至 0.90 之间（Derogatis，1983）；还有另一项研究使用了 10 周的重测周期，Cronbach's α 系数介于 0.68 至 0.83 之间，证明了症状自评量表拥有令人满意的重测信度（Horowitz, et al., 1988）。

（二）效度

1. 聚合效度

一些研究证明了SCL-90具有良好的聚合效度，发现SCL-90的9个维度与其他测试的类似测量相关。Derogatis等（1976）证明了SCL-90的9个主要症状维度分别与明尼苏达多相人格量表（MMPI）对应分数显著相关。Peveler和Fairburn（1990）比较了糖尿病患者和贪食症患者的SCL-90-R分数和基于调查者访谈得到的分数（即现况检查），发现通过两种测量方法得出的结果都表现出很好的一致性。Koeter（1992）将SCL-90的ANX、PHO和DEP量表以及GHQ-28焦虑/失眠和严重抑郁量表在精神病门诊人群中与DSM-ll诊断以及原型焦虑和抑郁量表进行了比较，发现SCL-90的ANX和DEP量表显示出良好的聚合性和判别有效性。在一项对79名住院青少年的研究中，SCL-90-R的DEP量表与儿童抑郁症量表（CDI）的相关性比与Jesness量表的社会不适应量表的相关性高（Jesness, 1996）。

2. 区分效度

部分研究证实了SCL-90具备充分的区分效度。在一项研究中，Derogatis发现SCL-90的维度与非类似量表的相关程度低于类似量表的相关程度，证明了SCL-90区分效度的有效性。另一项研究通过对899名心身疾病患者进行测量，探讨SCL-90的区分效度，证明其可以对癔症、焦虑症和神经性厌食症患者进行有效区分；在判别分析中，平均命中率可达到74%，证实了该量表的区分有效性（Rief & Fichter, 1992）。

Morgan等（1998）基于焦虑和抑郁两组病人的数据对ANX和DEP项目进行因子分析，产生了两个独立的因子，这说明至少这些子量表有一定的鉴别效力。德国研究者使用GHQ-12和SCL-90-R的德语版本对杜塞尔多夫18个初级保健办公室的成人门诊病人进行了调查（$n=408$），发现两种工具都能有效发现病例，这显示了该量表在病人与正常人群之间的鉴别效力（Schmitz, et al., 1999）。

3. 结构效度

部分研究（Grande, et al., 2014；Paap, et al., 2012；Urban, et al., 2014；Rauter, et al., 1996）对SCL-90和SCL-90-R的因素结构和有效性提出了质疑，但也有部分研究支持SCL-90及SCL-90-R的因子结构（Evenson, et al., 1980）。有研究者坚信SCL-90的多维性（Arrindell, et al., 2006）。而另一组研究者则指出，只有一个或最多几个因子的替代模型显

示出同样好或更好的拟合效果（Hafkenscheid，et al.，2007）。

部分研究认为，尽管 SCL－90 的因子结构验证不符合最初的设计，但仍具备区分不同心理精神健康症状的能力。如在早期的 SCL－90 研究中，Evenson 等在评估了 327 名门诊病人后，确定了占总变异量大多数的 10 个不同因子。尽管注意到第一个因子解释了第二个最大因子的 9 倍方差，他们仍然鼓励临床医生使用 SCL－90 来保留工具的不同因子，认为这些因子具有区别价值（Evenson，1980）。在一项评估短期住院精神病患者（$n=437$）的研究中，Hafkenscheid（1993）使用验证性因子分析发现了支持 SCL－90 四个临床解释维度（躯体化、抑郁、恐惧性焦虑和敌意猜疑）的证据。Arrindell 等（2006）在评估了 413 名被诊断患有盆腔周围疼痛的女性后指出，尽管一些维度高度相关，但 SCL－90－R 依旧具备区分有效性。

在中国，童辉杰（2010）用 2006 年 1890 人的样本对 90 项症状做了因子分析，用主成分分析和正交旋转抽取出 18 个因子，解释了总变异的 53.62%。根据碎石图，前 3 个因子可解释总变异的 17.86%，即低效能（8.50%）、躯体反应（5.94%）、人际问题（3.43%）。研究者认为，这 3 个因子可能是中国文化背景下所特有的。

（三）总结

根据对以往文献的回顾，我们发现 SCL－90 的信度较好，但在效度方面仍存在一些争议，大多数关于其结构效度的研究并不支持最初作者给出的维度结构。有研究者就此指出，SCL－90 的因子结构应该为每一个应用它的新人群实证确定，如针对不同文化背景下的人群或一些较为特殊的职业群体（如警察、医生、军人等）应基于新的数据进行结构分析验证（Clark & Friedman，1983；Rief & Fichter，1992）。在后续的研究与应用中，因子结构上的争议也应该继续被反复探讨与验证。

四、SCL－90 中文版的相关研究

20 世纪 70 年代后期，人们重新认识到心理测量学的重要意义，心理测验在我国获得恢复和发展。随着我国心理精神卫生事业的迅速发展，精神医学的分支学科研究工作也有了重大进展，对标准化检查和评价方法的研究变得更加迫切。70 年代末，我国心理学和精神病学工作者在以往研究的基础上编制和修订了一些新的量表，促进了国内外心理精神卫生研究工作协作和交流，提高了临床与实验性研究资料的统计分析水平。

（一）SCL-90 中文版常模的建立

国内使用的 SCL-90 是在 1984 年由上海精神卫生中心的王征宇引进和编译的，项目编译过程中只对原量表个别项目进行了修订，但变化不大。引进后的 SCL-90 最初主要用于精神症状的研究。由于当时还没有本国学者编制适用于成人与青少年的标准化心理健康量表，SCL-90 又具有灵敏、简便等特点，因此金华和吴文源（1986）开始尝试将 SCL-90 应用于正常人群。两位学者使用 SCL-90 对 1388 例 18~60 岁身心健康的正常成人进行了测试，发现正常人群各因子的变化程度较为接近。在性别分布上，总体上正常男女之间各因子分布较一致，虽然男女之间在强迫、恐惧和精神病性症状之间有一定的差异，但均值都在轻度以下，在躯体化、抑郁、焦虑、敌对性、人际关系以及偏执症状上的分布状况也都比较相似，在阳性项目数上男女症状数目也差不多；在年龄上，青年组在人际关系、偏执和精神疾病性因子上与其他年龄组有显著差异，中年组在各方面适应较好，更年期组在各因子上的均值较高；地区分布并未影响 SCL-90 各因子的分布变化，不同地区正常人所反映的各组症状评定结果一致。之后也有许多学者采用 SCL-90 对正常人进行施测，并逐步推广。自此，SCL-90 所使用对象的范围越来越广，成为当前国内心理健康研究领域中应用最多的一种自评量表。

目前经常使用的常模为 1986 年常模。1986 年，金华、吴文源等组建量表协作组，对一批正常人进行测试，目的是提供我国 SCL-90 常模。协作组抽取了 13 个地区的 1388 例 18~60 岁身心健康的正常成人，其中男性 724 例，女性 664 例。测试结果如表 3-1 所示，本组正常人群各因子的均值介于 1.23 至 1.65 之间，未发现明显峰值出现；强迫、人际关系、抑郁、偏执等因子评分离散程度较大，但均未达到中等严重程度以上；阳性项目数为 24.92，即 100 人中约出现 25 项阳性项目。

表 3-1　正常成人 SCL-90 的因子分布

项目	$\bar{x}+SD$	项目	$\bar{x}+SD$
躯体化	1.37+0.48	敌对性	1.46+0.55
强迫	1.62+0.58	恐惧	1.23+0.41
人际关系	1.65+0.61	偏执	1.43+0.57
抑郁	1.5+0.59	精神病性	1.29+0.42
焦虑	1.39+0.43	阳性项目数	24.92+18.41

该研究还对男女之间、各年龄组之间的因子分的差别进行了比较研究。

如表 3-2 所示，男女之间除强迫、恐惧和精神病性因子有一定差异外，其他因子无差异。

表 3-2 正常男女 SCL-90 各因子分比较（$x+SD$）

项目	男性	女性	p	项目	男性	女性	p
躯体化	1.38+0.49	1.37+0.47	>0.05	敌对性	1.48+0.56	1.45+0.52	>0.05
强迫	1.66+0.61	1.59+0.54	<0.01	恐惧	1.23+0.37	1.3+0.47	<0.01
人际关系	1.66+0.64	1.61+0.58	>0.05	偏执	1.46+0.59	1.41+0.54	>0.05
抑郁	1.51+0.6	1.49+0.56	>0.05	精神病性	1.32+0.44	1.26+0.39	>0.05
焦虑	1.41+0.44	1.37+0.42	>0.05	阳性项目数	25.68±18.79	24.17±17.49	>0.05

各年龄组之间的差别如表 3-3 所示。青年组及更年期组因子均值较高，特别是青年组的人际关系、偏执及精神病性因子与其他年龄组有明显差异。各地区的正常人，其 SCL-90 评定结果基本一致。

表 3-3 正常人各年龄组 SCL-90 各因子分比较（$x+SD$）

年龄	18~29 岁	30~39 岁	40~49 岁	50~60 岁	p
例数	781	332	185	90	
躯体化	1.34+0.45	1.37+0.52	1.5+0.50*	1.42+0.52	<0.05
强迫	1.69+0.61*	1.5+0.50	1.63+0.53	1.46+0.45	<0.05
人际关系	1.76+0.67*	1.47+0.51	1.53+0.53	1.39+0.37	<0.01
抑郁	1.57+0.61*	1.39+0.52	1.51+0.53	1.36+0.40	<0.05
焦虑	1.42+0.43*	1.33+0.42	1.41+0.44	1.3+0.41	>0.05
敌对性	1.5+0.57*	1.41+0.50	1.44+0.53	1.34+0.39	<0.05
恐惧	1.33+0.47*	1.2+0.36	1.18+0.34	1.12+0.31	>0.05
偏执	1.52+0.60*	1.35+0.53	1.84+0.51	1.2+0.30	<0.01
精神病性	1.36+0.47*	1.2+0.31	1.21+0.35	1.16+0.32	<0.01
阳性项目数	27.45±19.32	20.77±15.54	24.37±17.61	20.32±16.03	<0.01

注：* 均值最大值。

（二）SCL-90 中文版的信度

1999 年，中国科学院的王极盛等选取北京市多所中学学生被试，开展了 SCL-90 的信度检验。研究采用同质性系数与分半系数指标，发现同质性信度系数介于 0.68 至 0.88 之间，斯皮尔曼分半信度介于 0.70 至 0.85 之间，表明该量表在中学生群体中有较好的信度。2000 年，杨雪花、戴梅竞抽取了南京市不同专业的 3 所大学的 3382 名大学生进行信度检验，发现 SCL-90 分半信度介于 0.57 至 0.85 之间，内部一致性系数介于 0.75 至 0.85 之间，各分量表分与总量表分相关系数介于 0.71 至 0.91 之间，各分量表分相关系数介于 0.49 至 0.82 之间。陈树林、李凌江对杭州市 4526 名中学生、社区成年人及 50 岁以上老年人进行测试，发现 SCL-90 总量表的同质性信度为 0.97，各分量表的同质性信度在 0.69 以上，重测信度大于 0.70，说明 SCL-90 量表在正常人群中信度较好，与王极盛等在中学生群体中的信度效度测试结果相近。

（三）SCL-90 中文版的效度

1. 内容效度

SCL-90 内容效度的确定方法主要是逻辑分析法，在很大程度上依赖于测验编制者和有关专家的主观经验。为弥补专家判断的不足，测验内容效度的确定还可采用统计方法，如各分量表与总量表之间的相关系数可以作为考察某量表内容效度的指标。如表 3-4 所示，SCL-90 各分量表与总量表的相关系数介于 0.69 至 0.90 之间，其中 5 个分量表与总量表的相关系数在 0.85 以上，表明该量表的内容效度比较好。

表 3-4　分量表与总量表的相关系数表

分量表	躯体化	强迫	人际敏感	抑郁	焦虑	敌对	恐惧	偏执	精神病性	其他
总分	0.73**	0.85**	0.86**	0.90**	0.88**	0.72**	0.69**	0.77**	0.85**	0.77**

注：** $p < 0.01$。

2. 结构效度

有研究者用因子分析的方法研究 SCL-90 的结构效度，其中有 7 个分量表都抽取出了两个公因子。该结果说明 SCL-90 效度不佳，有待进一步改进（黄艳苹，李玲，2009）。

目前部分学者通过研究各分量表与总量表的相关系数是否超过各分量表之间的相关系数检验结构效度。采用这种方法我们发现，SCL-90 各分量表之间的相关系数介于 0.41 至 0.76 之间，各分量表与总量表之间的相关系数介于 0.69 至 0.90 之间，依上述标准，可认为该量表的结构效度较好。

（四）SCL-90 中文版的症状维度

SCL-90 中文版包括感觉、思维、情感、行为、人际关系、生活习惯等多个内容，具体分为躯体化、强迫症状、人际关系敏感、抑郁、焦虑、敌对、恐惧、偏执、精神病性等 9 个症状因子和一个其他因子，各个因子反映出病人的某方面症状情况。通过因子分可了解症状分布特点，评定一个特定的时间（通常是一周）以来的心理健康状况。

（五）SCL－90 中文版的评定

SCL－90 中文版用于研究正常群体的健康状况时，主要是与正常成人群体的 SCL－90 的因子常模比较，因子分超过常模且达到显著水平即为异常。SCL－90 也常用于个体心理精神症状鉴别，主要是以分界值为标准，国内的分界值是根据年常模的各指标的粗略估计，即总分超过 160 分、阳性项目数超过 43 项或任一因子分超过 2 分，可考虑筛查阳性，并需要进一步检查。粗略简单的判断方法是看因子分是否超过 3 分，超过 3 分即表明该因子的症状已达到中等以上严重程度。

（六）SCL－90 中文版品质的评价

1. 东西方文化差异角度的考察

不同文化背景下的心理测验存在测验同质性问题，包括测验项目在不同文化中的含义、翻译及文化背景相关程度的同质性等方面。缩小、消除文化背景上的差异是较难的。而且修订西方测验工具一直存在两难问题：一方面，照搬原有测验工具不适合中国国情；另一方面，对原有测量工具改动过大，则会影响修订后版本与原版本在信度、效度上的比较，以及使用该测量工具的相关研究的跨文化比较。更何况，即使同一种测验，在不同的国家有着不同的常模，要进行跨文化的对比研究也有难度。比较国外和国内修订的 SCL－90 项目，发现国内修订版除了项目 37、38、50 源于 SCL－90－R，其他项目都源于 SCL－90。国内修订量表仍沿用国外早期量表的结构模型，只对原量表个别项目进行了幅度不大的修订。真正完全进行修订的项目仅为项目 10，国外 SCL－90 和 SCL－90－R 对项目 10 的表述是"为粗心感到担忧"，国内修订的量表表述是"担心自己的衣饰整齐及仪态的端正"。项目 5 和项目 83 与国外版本有细微的差别，这主要是由于文化背景和翻译引起的：国外版本中对项目 5 的表述是 "Loss of sexual interest or pleasure"，国内版本则翻译为"对异性兴趣的减退"，这可能是出于文化背景的考虑在翻译上进行的调整；国外版本中对项目 83 的表述是 "Feeling that people will take advantage of you if you let them"，国内版本则翻译为"感到别人想占我的便宜"，但"利用"和"占便宜"的词义在汉语中存在细微的差别，不能排除翻译不同对被试作答的潜在影响。目前国内尚未见到关于国内外版本之间信效度比较及跨文化比较的系统研究。未来需要进一步深入研究，以了解国内版本与国外版本之间的文化差异、差异程度、消除差异的办法，以及两者之间的信度和效度比较。

2. 辅助文件完备性的考察

1999 年，美国教育研究协会、美国心理学协会和全美教育测量学会共同修订了 1985 年版的《教育与心理测试标准》。最新版本的标准对测验的制作、评估、文件存档、测试的公平性及应用方面做出了详尽的诠释和严格的规定。编制测验文件的目的是为测验使用单位提供所需资料，以便对测验性质、质量、测验结果以及建立在测验分数基础上的诠释做出成熟的判断。测验的出版、研制和发行单位与测验使用单位沟通的主要渠道就是各自提供测验的辅助文件资料，这些资料应具有完整性、准确性、时效性及清晰性，以便有资格审阅资料的人在需要时能方便查询。编制一个测验的存档资料通常要具体标明测验的性质、预计的用途、验研制的过程，以及有关评分、诠释、信度及效度等技术方面的资料。如有必要，需建立记分标准、常模、测验实施和分数诠释指南等。作为一个已出版运用的标准规范测验，应当具备完整的测验文献，如测验手册、技术手册、使用指南和补充材料。

国外 SCL-90 相对比较规范，有相应的测验手册、使用指南等测验文献，对测验的目的、施测范围、程序、记分、常模、信度及效度的研究报告、评分解释报告等做了详尽的介绍。我国编译并修订的 SCL-90 相比之下规范性有待提高，没有科学完备的测验手册，只有相对简单的记分、常模和评分解释的操作方法及指导语，既没有关于信度及效度的系统报告，也没有对施测范围、施测目的、施测程序的详尽阐述，客观上导致了目前该量表潜在的滥用及错误解释。

3. 常模的编制情况考察

常模是心理测验用于比较和解释测验结果的参照标准，是根据有代表性样本的测验结果来制订的。样本容量越大，则抽样的标准误就越小，样本的平均数和标准差也就越接近总体，对总体代表性越强。总体人数多，总体分数离散程度大，总体特征的复杂程度高即异质性越大，所选的样本容量就越大。一般全国性常模不应少于 2000～3000 人。

4. 信度和效度研究

至今仍缺乏有关全国成人的 SCL-90 信度和效度研究报告。就目前国内学者对特殊群体和一定区域的群体所做的信度和效度研究来看，采用的研究方法以及得出的结论大体相同。大部分研究者主要采用同质性信度与分半信度进行考察，通过各分量表与总量表之间的相关系数来考察内容效度，根据各分量表分与总分量表的相关系数是否超过各分量表之间的相关系数来检验结构效度，结果基本一致，即信度和效度较好。这与国外的信度和内容效度研究结论基本一致，但与一直存在的结构效度争议相悖。综合国内外现有研究，SCL－90的信度和内容效度较好，但其结构效度则不尽如人意。

五、SCL－90中文版的应用

（一）SCL－90中文版的应用现状

SCL－90在中国的应用非常广泛，应用群体不仅涉及精神障碍和心理障碍群体，也包括大学生、医生、护士、教师、军人、哺乳期妇女等普通人群。

阳飞燕等（2021）在新冠病毒感染疫情期间调查急诊科患者家属的心理状况，为急诊科患者家属的心理健康教育提供依据。结果显示：急诊科患者家属对新冠病毒的担忧情况与性别有关，对新冠病毒发病动态和常见症状的了解程度与文化程度有关，对自己或家人被传染新冠病毒的担忧程度与居住状态有关；心理状况得分阳性者5人（5%），阴性者95人（95%）；敌对、恐惧、睡眠及饮食与文化程度有关，抑郁、焦虑、敌对、恐惧、睡眠及饮食与婚姻状态有关，敌对与居住状态有关；不同性别的总分无显著差异，不同居住状态、担忧被感染程度、回家后是否隔离、家里口罩是否充足与总分有关。

王慧等（2020）在新冠病毒感染疫情期间采用自拟一般情况问卷和SCL－90调查了910名在读硕士研究生的心理健康状况，回收有效问卷880份。调查结果表明，19.55%的在读硕士研究生存在不同程度的心理健康问题，阳性检出率较高的因子依次是强迫症状、人际关系敏感、忧郁、焦虑、附加因子等，其中最为突出的是强迫症状，阳性检出人数126人（14.32%）。

陆璐、周冉和马燕萍（2020）对芜湖市5所事业单位321名工作人员进行生活事件及心理健康状况调查，发现事业单位工作人员心理健康（121.59±22.02）低于全国成年人常模总分均值（129.96±28.76）。冯倩等（2019）对某煤矿企业井下1013特种工人进行测量，发现井下特种工心理健康水平显著差于一般人群，压力知觉通过直接和间接两个途径影响井下特种工心理健康状况，压力知觉与SCL－90各因子之间的应对方式具有中介作用。

李淑清等（2019）采用SCL－90对福建省某男子监狱服刑人员进行了调查。调查结果表明，服刑人员冲动性水平偏高，偏离普通群体，但心理健康水平及人际信任水平良好；服刑人员冲动性水平对其心理健康水平产生不利影响。

许家珍和李雪玲（2019）以随机抽样法选取了 90 名于 2012 年 1 月至 2016 年 9 月在湖北省荆州市中心医院传染科确诊为 HIV 感染的患者，发现 HIV 感染患者躯体化、人际关系、抑郁、焦虑等心理精神因素均影响其生存质量，临床上应对上述不良心理精神因素给予高度关注，并进行针对性疏导。罗丽敏、王蕾和朱丽萍（2017）选取了 2014 年 9 月至 2016 年 9 月间在河南省郑州市第七人民医院确诊终末期肾病并在血透中心进行血液透析的患者 173 例进行测量，发现心理护理干预后，干预组各项 SCL－90 因子得分均明显低于对照组。

刘艳和谭千保（2017）对湖南 384 名贫困大学生的研究发现，其 SCL－90 人际敏感的总均分为 2.72，阳性检出率为 63.28％；人际敏感存在性别差异；积极心理资本与人际敏感存在负相关；在控制性别后，韧性显著预测人际敏感；自我效能和韧性显著预测神经质。张晖等（2016）选择广州某高校大一至大三 46 名贫困学生作为实验对象，采用教育实验法开展研究，发现实验组后测心理资本得分显著高于对照组和前测，后测 SCL－90 得分低于对照组和前测。王璐通过随机分层选取 528 名西南地区某大学学生，通过 SCL－90 筛选出 60 名有心理问题的被试进行为期 8 周的阅读疗法集体干预治疗，发现阅读治疗方案对心理问题具有一定程度的改善，在一些特定的心理问题的缓解上体现出较强优势。刘小芳（2016）抽取滨州医学院不同年级、专业的学生共 420 人进行问卷调查，发现高低时间管理倾向组在心理健康上的躯体化因子上得分存在显著差异；医学生时间管理倾向与心理健康存在负相关；时间监控感对心理健康的预测力最强。

徐生梅、王文广、柏雪和曹亢（2019）采用一般资料问卷和 SCL－90 对安徽 101 名幼儿教师进行了调查，发现安徽幼儿教师心理健康水平与全国成人常模相比无显著差异；不同年级幼儿教师心理健康状况存在显著差异；不同城市幼儿教师在强迫症、人际关系敏感、抑郁和敌对因子上存在显著差异；不同性质幼儿园的幼儿教师在抑郁和偏执两个症状因子存在显著差异。

赵梦雪等（2017）对 1993 年至 2013 年 38 篇文献调查数据进行分析，考察了 11454 名常驻高海拔地区军人在 SCL－90 各个因子得分随年代变化的趋势，发现 SCL－90 的 7 个因子均值与年代呈负相关，且不受期刊类型等的影响。其中，强迫变化最大，抑郁、焦虑、人际敏感、偏执和精神病性均变化明显；当年军费占 GDP 比值、居民消费水平指数与 SCL－90 部分因子呈负相关。

曲海英和刘林林（2016）于 2014 年 3 至 6 月分数次对山东三地市的城镇

化村内 60~80 岁的 122 名男性老人和 156 名女性老人进行调查研究，发现新型城镇化中农村老年人心理健康总分为 130.03±24.88，性别、慢性病、年龄、居住形式、月收入、子女状况、子女看望次数、子女对重大决定的支持度在心理健康上存在显著差异。

高允锁等（2016）采用多阶段随机抽样方法对三亚市 498 位居民开展调查，发现居民 SCL-90 总分为 111.07±29.68，6% 的居民心理健康状况差；不同性别和不同年龄组的 SCL-90 总分无显著差异；贫困居民比不贫困居民的心理健康状况明显更差；患病居民比健康居民的心理健康状况明显更差。

六、不足与展望

SCL-90 没有测谎题目，被试可以有意识或无意识地操控这个测试结果，被试自测得出的只是主观的结果，缺乏客观参考价值。

SCL-90 测评结果只能够作为参考，真正判断一个人是否有心理问题或精神病性问题更需要的是专业心理咨询师或精神科医生基于临床经验的判断。

SCL-90 的维度以情感障碍和一些精神病性症状为主，而这些大多是非正常的。例如，一些患有轻度躁狂症状的人群可能出现较好的数据，因为典型的轻度躁狂症状就包括自我评价高、做事情效率增加（但可能碌碌无为以及随境转移）、心境高涨等；而躁狂严重或者伴有精神病性阳性症状（常见的有妄想和幻觉）且不自知的患者则很可能导致量表测评出现偏差。

精神疾病和心理问题的分界线是病非病三原则，一般心理问题、严重心理问题和神经症性心理问题同样可以造成 SCL-90 数值偏高，但 SCL-90 分数高不等于患有精神疾病。

SCL-90 对于年轻患者存在测评结果偏高的可能。尤其是处于青春期的被试，其心理以"消极"为主，加上年龄过小无法理解题目和正确评价自己，其数据往往存在一定的极端成分。对于一些依从性较差的患者，SCL-90 也可能极端化。SCL-90 无法像 MMPI 一样看出明显的夸大和隐瞒，导致测评结果可能存在主观性甚至不可信。

SCL-90 的正常和异常来自常模，这些常模并不一定完全符合本地区，往往因地区、年龄或者群体而产生微小差异。

对于 SCL-90，我们应该承认其有效性和专业性，同时看到其局限性。在临床上，除自评量表之外还有他评量表（如汉密顿抑郁量表等），这些量表往往是通过与患者交谈观察后由专业人员评价的，比起自评量表会更加客观和准确。

总而言之，SCL-90 是心理精神卫生领域专业的量表，但存在主观性，并且只能指明一个方向，无法判断程度，故不能用于诊断精神疾病。如果存在持续的情绪问题且程度较深，建议前往相关的心理咨询机构或者精神卫生中心进行诊断。

第二节　贝克抑郁量表

贝克抑郁量表（Beck Depression Inventory，BDI）是广泛使用的评估正常人群抑郁状态的测量工具，也被用于临床评估抑郁症或抑郁性神经症病人的抑郁程度。本节将回顾 BDI 的发展历程，简要介绍其内容和版本发展，重点分析贝克抑郁量表第二版（BDI-II）的信度和效度、国内外研究现状以及实际应用，结合分析结果为使用者提供可参考的建议，并对未来研究方向进行展望。

一、引言

抑郁（Depression）起源于拉丁文 primere，意指"下压"。抑郁是一种常见情绪和情感成分，Wessman 等（1966）对正常人的研究证明，所有人都会有情绪波动，人有几小时或几天郁闷是正常的。在现代精神病学中，抑郁既可以指一种特定的情绪或者症状，又可以指一组由负性情绪组成的综合征（症候群），还可以指一种有明确定义的疾病（Beck & Alford，2009），这种疾病以持久的心境低落和快感缺失为核心症状（Malhi & Mann，2018）。在《精神障碍诊断与统计手册第五版》（DSM-V）中也称抑郁障碍（Depressive disorder）（American Psychiatric Association，2013），主要表现为厌恶活动、思维兴奋或迟滞、注意力集中困难、易疲劳，并伴有内疚、无价值感甚至自杀倾向。

与普通人的短暂情绪反应和情绪波动不同，抑郁障碍是一种严重疾患，甚至可能引发自杀行为，尤其是长期的中度或重度抑郁症。在引致自杀的疾病负担里，抑郁占比将近一半（46.1%）（Whiteford，et al.，2013）。据美国大学健康协会（ACHA）2014 年的健康调查，抑郁障碍在大学群体很普遍，有 35% 的女性和 28% 的男性表示在过去 12 个月内有过抑郁症状，14% 的女性和 8% 的男性报告自己在过去 12 个月内被临床专业人士诊断或治疗抑郁症。

为了判断抑郁，首先要回答抑郁的维度问题。一种适应性观点认为，与传统的疾病模型不同，抑郁症状的严重程度可以被连续地观察（Nettle，2004），

Hankin 等（2004）使用计量法评估 DSM－Ⅳ定义的抑郁症结构，发现抑郁是具有连续变化的单维度结构，是从轻到重的变化过程。这种观点认为，抑郁仅有一个单维度，然而大多数研究证据表明抑郁症的结构是多维的（Beck，1967；Haslam & Beck，1994；Haslam & Holland，2012），如杨文辉等（2014）提取出躯体症状和认知情感两个相关的因子、Gorenstein 等（2011）提出了包括认知情感和躯体情感的双因子结构。但无论抑郁的维度是单维度还是多维度，其分数变化都是连续的。

2017 年，WHO 宣称全球有超过 3.2 亿人患有抑郁症，预计到 2030 年，抑郁症将成为造成全球心理精神疾病负担的首要因素。在这一形势下，有效可靠的抑郁症心理测量尤为重要。目前对抑郁症的诊断大多采用各样的抑郁症量表施测，常用的量表包括抑郁自评量表（SDS）、汉密尔顿抑郁量表（HAMD）、90 项症状自评量表（SCL－90）、医院焦虑抑郁量表（HAD）、贝克抑郁量表（BDI）、流调中心用抑郁量表（CES）、老年抑郁量表（GDS）、抑郁症诊断量表（IDDL）和爱丁堡产后抑郁量表（EPDS）等。其中，贝克抑郁量表第二版（BDI－Ⅱ）是当前应用最广泛的筛查抑郁症状及其严重程度的自评工具（蒋水琳，2019）。

二、量表简介

（一）编制背景

20 世纪中叶，临床界和心理学界产生了将抑郁症的评估客观化的动机和趋势，希望能够通过工具来改善对于抑郁症的研究和临床实践。研究者开发了许多心理测量工具，旨在研制出更为科学和有效的、基于自我报告的抑郁症快速评估方法。贝克（1961）指出临床医生对抑郁症诊断的一致性较低，不能仅仅依靠临床医生的诊断，必须制订一种可靠有效的方法来识别和测量抑郁症。

（二）作者简介

阿伦·特姆金·贝克（Aaron Temkin Beck），是认知行为疗法的创立者，是一位严谨温和而又多产的心理学家。贝克天赋异禀，兴趣广泛，在布朗大学主修英文和政治学时选修艺术、音乐、会计等几乎所有工程外学科。最后，他以医学为职业方向，选修了医学院的先修课程。

从医学院毕业后的贝克偶然进入了精神医学界。他在接受精神分析训练期间，对人们因需要遭受痛苦而变得抑郁的观念产生了质疑，认为若是基于这种观点，任何干预都将是无效的。他开始对认知发展萌生兴趣，认为人的这种自我撕裂（抑郁）是认知扭曲的结果。

贝克认为抑郁认知模型的发展要来自系统的临床观察和实验检测，并在他发表的一系列文章中贯彻和扩展了这一思想（Beck，1967，1976，1983；Beck，et al.，1980）。贝克的抑郁模型展现了抑郁症患者的 3 个典型特征：第一，对自己消极负面的看法；第二，对当前的经历持消极态度；第三，对未来持消极态度。贝克通过抑郁模型描述了抑郁症患者对自我、世界和未来的负面看法，以及在生活经历中失去自主控制的思维过程（Bebbington，1985）。

（三）内容及结构

BDI 自问世以来共有 3 个版本，均由贝克本人进行修改和完善，分别是BDI、BDI－ⅠA 以及 BDI－Ⅱ。

1. 贝克抑郁量表（BDI）

BDI 为自陈量表，主要根据临床经验制订，内部一致性系数为 0.93，重测信度介于 0.70 至 0.80 之间。BDI 由 21 个项目组成，包括心境（A）、悲观（B）、失败感（C）、不满（D）、内疚感（E）、惩罚感（F）、自厌（G）、自责（H）、自杀意向（I）、痛哭（J）、易激惹（K）、社会退缩（L）、犹豫不决（M）、身体形象改变（N）、工作困难（O）、睡眠障碍（P）、疲劳（Q）、食欲下降（R）、体重减轻（S）、躯体关注（T）与性欲减退（U）。每道题目为4 级评分，分别计 0～3 分。量表总分范围在 0～63 分，0～4 分为无抑郁或极轻微，5～13 分为轻度，14～20 分为中度，21 分及以上为重度。测试时要求被试根据最近一周的感受，从每组中选择一条最适合自己情况的描述，如第一题包括：0. 我不感到悲伤；1. 我有时感到悲伤；2. 我始终悲伤，不能自制；3. 我太悲伤，不堪忍受。1970 年，为提升问卷的可用性，贝克对 BDI 进行修订，得到 BDI－ⅠA。该版本与原始版本相似，但将测量的时间范围由最近一周延长到了两周。此外，BDI－ⅠA 还改写了原始版本的一些项目，以避免双重否定描述。BDI－ⅠA 同样具有良好的信度，其内部一致性系数达到 0.85。

2. 贝克抑郁量表第二版（BDI－Ⅱ）

随着抑郁认知理论的发展，贝克等（1996）根据 DSM－Ⅳ 抑郁诊断标准对 BDI－IA 进行了修订。BDI－Ⅱ 和 BDI－IA 均包含 21 个条目，但 BDI－Ⅱ 在内容上发生了很大变化，主要表现在以下方面：①BDI－Ⅱ 量表根据患者在两周内的心理和躯体状况来评估重性抑郁障碍，而原始 BDI 中的评定时间是一周；②BDI－Ⅱ 删除了 BDI－IA 中被证明对重性抑郁障碍典型症状识别不敏感的 4 个项目，包括身体形象改变、体重减轻、工作困难和躯体关注，用无价值、激越、注意力不集中和精力不足这 4 个项目替代；③为表述更准确、清晰，BDI－Ⅱ对17个项目的语言重新组织，并对14个项目的反应选项进行修改，特别是增加了食欲或睡眠增加的选项，较好地反映了食欲、睡眠减少或增加两种不同的行为改变；④BDI－Ⅱ的因子结构显著不同于且优于BDI－IA，主要包括认知、情感和躯体症状等因子（Dozois，1998）。BDI－Ⅱ在青少年中的因子结构不同于成人，可能与青少年抑郁和成人抑郁临床特征不同有关（Osman，et al.，2008）。

BDI－Ⅱ的划界分数也发生了较大的变化。每个项目仍为0～3级评分，量表总分为21个项目评分的总和，总分范围为0～63分。具体来看，总分0～13分为无抑郁，14～19分为轻度抑郁，20～28分为中度抑郁，29～63分为重度抑郁（Beck，et al.，1996）。BDI－Ⅱ没有反映任何特定的抑郁症理论（Beck，et al.，1996），在实际应用时更侧重评估与临床诊断相关的抑郁症状的严重程度。由于其更好的信度、效度和更加准确、清晰的项目表达，目前BDI－Ⅱ已被翻译成多国语言投入使用。

三、BDI－Ⅱ的信度和效度分析

（一）BDI－Ⅱ国外信度和效度分析

国际上许多研究已经证实了BDI－Ⅱ在不同人群和环境中的信度和效度。BDI－Ⅱ的可靠性很高，门诊人群的Cronbach's α系数为0.92（Smith & Erford，2001），大学生为0.93（Smarr & Keefer，2011）。针对社区居民、抑郁症老年住院患者、巴西社区成年人、慢性综合征患者、非洲HIV感染者等样本研究的内部一致性信度分别为0.90（Joe，et al.，2008）、0.89（Grothe，et al.，2005）、0.93（Faro & Pereira，2020）、0.89（Brown，et al.，2012）、0.90（Kagee，et al.，2014）。在效度研究方面，报告的拟合指数（CFI和TLI）大部分较高（王振等，2011；王金燕等，2018；杨文辉等，2014）。在因子结构方面，各研究版本的因子模型见表3－5。

McElroy等（2018）发表了一项BDI－Ⅱ的综合分析研究，被试（$n=370$）为临床门诊患者，诊断为抑郁发作或适应障碍。研究采用验证性单因子分析和验证性双因子模型对15种竞争对立模型进行了全面而极具参考性的检验，对最佳拟合模型的单维性进行了评价（McElroy，et al.，2018），结果见表3－6。

表3-5　各学者提出的单因子、双因子和三因子 BDI-Ⅱ 模型

Model[a]	Factors	Items
Model 1 (Huang & Chen, 2015)	Cognitive	1~3，5~9，14
	Somatic affective	4，11~13，15~21
Model 2 (Beck, et al. 1996)	Somatic affective	4，10~13，15~21
	Cognitive	1~3，5~9，14
Model 3 (Dozois, et al. 1998)	Cognitive-affective	1~3，5~9，13~14
	Somatic-vegetative	4，10~12，15~21
Model 4 (Steer, et al. 1999)	Cognitive	2，3，5~9.14
	Non-cognitive	1，4，10~13，15~21
Model 5 (Beck, et al. 2002)	Cognitive	3，5~8，13~14
	Somatic	10~11，15~21
	Affective	1，2，4，9，12
Model 6 (Buckley, et al. 2001)	Cocnitive	1~3，5~9，14
	Affective	4，10，12，13
	Somatic	11，15~21
Model 7 (Osman, et al. 1997)	Negative Attitudes	1~3，5~10，14
	Performance diffculhes	4，12，13，15，17，19，20
	Somatic elements	11，16，18，21
Model 8 (single factor)	General depression	1~21

注：[a]每种模型在两种情况下都适合：作为传统的验证性单因子模型和作为验证性双因子模型，其中 21 个项目中的每个项目对一般抑郁因子也具有非零载荷。

来源：杨文辉，2014。

表3-6　15种竞争对立模型分析结果

Model	χ^2	df	BIC	RMSEA (90% CI)	CFI	TLI	SRMR
1	580.154*	189	18052.880	0.077 (0.070~0.085)	0.819	0.799	0.102
1[b]	321.539*	168	17878.009	0.051 (0.043~0.060)	0.929	0.911	0.043
2	511.405*	188	17982.153	0.071 (0.063~0.078)	0.850	0.833	0.064
2[b]	316.396*	167	17 877.582	0.051 (0.042~0.059)	0.931	0.913	0.042
3	562.789*	188	18 040.229	0.076 (0.069~0.083)	0.827	0.806	0.068
3[b]	318.467*	167	17 883.073	0.051 (0.043~0.060)	0.930	0.912	0.042

Model	χ^2	df	BIC	RMSEA（90% CI）	CFI	TLI	SRMR
4	497.725*	188	17 965.982	0.069（0.062～0.076）	0.857	0.840	0.064
4[b]	315.310*	167	17 877.936	0.051（0.042～0.059）	0.931	0.914	0.042
5	516.797*	186	17 999.652	0.072（0.064～0.079）	0.847	0.827	0.067
5[b]	282.798*	165	17851.052	0.045（0.036～0.054）	0.945	0.931	0.041
6	493.381*	186	17972.237	0.069（0.062～0.077）	0.858	0.839	0.065
6[b]	309.161*	165	17877.404	0.050（0.042～0.059）	0.933	0.915	0.040
7	484.740*	186	17962.307	0.068（0.061～0.076）	0.862	0.844	0.061
7[b]	287.109*	165	17853.884	0.046（0.037～0.055）	0.943	0.928	0.040
8	656.527*	189	18145.197	0.085（0.078～0.092）	0.784	0.760	0.071

注：BIC，贝叶斯信息准则；RMSEA，近似均方根误差；CFI，比较适应度指数；TLI，塔克－刘易斯指数；SRMR，标准化均方根残差。[b]表示双因子模型，具体因子反映了相应多维 CFA 模型中的因子。* $p<0.05$。

来源：杨文辉，2014。

通过对 8 个模型进行分析共得 15 个结果，发现验证性双因子模型具有很好的拟合指数。总体而言，模型 5[b] 被判定为最佳拟模型，近似误差均方根 RMSEA＝0.045，判定为良好匹配；拟合指数 CFI＝0.95，TLI＝0.93 介于 0.90 至 1 之间，拟合指数高，模型拟合较好；BIC 值为所有模型中最低，拟合效果最好。5[b] 模型由一般抑郁因子和认知、躯体及情感 3 个相关的具体因子组成。

关于 BDI－Ⅱ 的评分，所有项目都被加载到一般的抑郁因子上，这表明实践中项目可以被归结为一个总分（Reise，2010）。虽然 McElroy（2018）强调了一般抑郁因子的总体重要性，但数据中子量表也有一定的意义。目前临床仍以总分为主，但临床医生可以尝试采用总分和分维度来考虑治疗问题。

（二）BDI－Ⅱ 国内信度和效度分析

通过文献检索发现，目前国内最新研究基本都是关于 BDI－Ⅱ 的，国内有较多研究在不同群体中对 BDI－Ⅱ 进行了信度和效度分析。

杨文辉等（2014）评估了 BDI－Ⅱ－C 在我国青少年中的信度和效度，该研究所选取的样本是相关研究中覆盖面最广、代表性最高的。研究选取 2744 名农村和 2821 名城市中学生构成非临床样本，选取 45 名重性抑郁障碍、22 名轻性抑郁障碍和 160 名无抑郁障碍青少年构成的样本，完成 BDI－

Ⅱ−C和流调中心用抑郁量（CFS−D）的测试，并随机抽取196名中学生及67名抑郁障碍青少年，分别于1周后、2个月后完成BDI−Ⅱ儿童版的重测，得出信度和效度的分析结果。

1. 内部一致性信度

BDI−Ⅱ−C在非临床青少年样本中Cronbach's α系数为0.89，在抑郁障碍青少年中Cronbach's α系数为0.93，提示该量表在我国青少年中具有良好的内部一致性信度。此外，各项目之间及各项目与总分之间均显著相关，提示该量表具有良好的同质性信度。

2. 重测信度

研究者在1周后对196名非临床青少年进行了重测，重测信度为0.76，2个月后对67名抑郁障碍青少年进行了重测，重测信度为0.56，相关程度较高，提示该量表具有良好的稳定性。

3. 结构效度

BDI−Ⅱ的理论构想包括一般因子（G）和两个与一般因子呈正交的特定层面的躯体症状因子（S）和认知因子（C）模型，即G−S−C模型（Ward，2006）。

为检验结构效度，研究将非临床青少年样本随机分为两部分，样本1（n=2796）采用探索性因子分析确定因子结构，样本2（n=2769）采用验证性因子分析，交互验证因子结构。

探索性因子分析结果显示，KMO检验值为0.95，巴特利特球形检验χ^2=14054.90（p<0.001），表明该问卷项目间存在共同因子，可进行因子分析。采用主成分分析和斜交旋转法对BDI−Ⅱ−C进行探索性因子分析，按特征值>1的标准提取因子，配合Cattell的碎石图检验，提取出两个相关的因子——躯体症状和认知−情感因子，两个因子累计方差贡献率为36.71%（因子1为30.91%，因子2为5.80%），21个项目的因子载荷均大于0.35，见表3−7。

表3−7 BDI−Ⅱ−C各条目的因子载荷

条目	负荷	
	因子1（认知−情感）	因子2（躯体症状）
1 忧愁	0.60	−0.12
2 悲观	0.60	−0.31
3 失败感	0.60	−0.28
4 愉快感缺乏	0.56	−0.14
5 内疚感	0.53	−0.03

条目	负荷	
	因子1（认知－情感）	因子2（躯体症状）
6 受惩罚感	0.58	−0.14
7 自我厌恶感	0.65	−0.22
8 自我批评	0.47	−0.03
9 自杀意念	0.55	−0.17
10 哭泣	0.49	0.001
11 激越	0.62	0.06
12 兴趣丧失	0.61	0.05
13 犹豫不决	0.56	0.01
14 无价值感	0.66	−0.15
15 精力丧失	0.65	0.15
16 睡眠改变	0.40	0.64
17 易激惹	0.47	0.07
18 食欲改变	0.38	0.55
19 集中精力困难	0.60	0.04
20 疲劳感	0.59	0.35
21 性兴趣丧失	0.38	0.11

来源：杨文辉，2014。

由于两因子高度相关（$r=0.71$），因子1的方差贡献率远高于因子2，而因子2仅包含睡眠和食欲改变2个项目，提示模型虽然表现为两因子结构，但可能还包含一个单维结构。通过样本2的验证性因子分析，比较了3种潜在的因子结构，即认知－情感和躯体症状两因子、认知－情感－躯体症状单因子和一般因子－躯体症状－认知情感三因子结构的拟合指标，发现一般因子－躯体症状－认知情感组因子模型拟合数据最优（见表3－8），符合我国青少年抑郁症的结构特征，并且符合原量表因子结构的理论构想。因此，BDI－Ⅱ－C具有良好的结构效度。

表3-8 验证性因素分析 BDI-Ⅱ-C 不同因子模型拟合指标比较

因子模型	χ^2	df	χ^2/df	CFI	TLI	RMSEA	RMSEA (90% CI)
单因子模型（认知-情感-躯体症状）	1128.02	189	5.97	0.93	0.92	0.042	[0.040, 0.045]
两因子模型（认知-情感和躯体症状）	975.88	188	5.19	0.94	0.93	0.039	[0.037, 0.041]
三因子模型（一般因子-躯体症状-认知情感）	484.92	169	2.87	0.97	0.96	0.026	[0.023, 0.029]

来源：杨文辉，2014。

4. 效标关联效度

研究者将在我国青少年中具有良好信效度的流调中心用抑郁量表（CES-D）作为效标，发现正常青少年和抑郁障碍青少年 BDI-Ⅱ-C 总分与 CES-D 总分呈正相关，相关系数分别为 0.72 和 0.74（$p<0.001$），提示 BDI-Ⅱ-C 具有良好的效标效度。

5. 区分效度

根据美国精神障碍诊断与统计手册第4版（DSM-IV），选取抑郁严重程度不同的三组青少年（重性抑郁障碍、轻性抑郁障碍、正常无抑郁障碍）完成 BDI-Ⅱ-C 量表，结果见表3-9。三组之间 BDI-Ⅱ-C 总分得分差异显著（$F=76.50$，$p<0.001$）。两两比较结果显示：重性抑郁障碍青少年得分显著高于轻性抑郁障碍青少年和无抑郁障碍正常青少年，轻性抑郁障碍青少年显著高于无抑郁障碍正常青少年。结果表明该量表具有较好的区分效度。

表3-9 不同程度抑郁障碍青少年 BDI-Ⅱ-C 总分比较

	抑郁障碍青少年（$n=67$）		无抑郁障碍青少年（$n=160$）
	重性（$n=45$）	轻性（$n=45$）	
BDI-Ⅱ-C 总分	31.16±13.12	22.09±9.42	15.19±5.02
男	29.00±14.74	21.33±10.64	14.92±4.84
女	32.88±11.69	22.62±9.03	15.55±5.27

来源：杨文辉，2014。

四、国外发展历程和现状

(一)国外发展简介

BDI-Ⅱ自发表以来已得到广泛的研究和应用,有关 BDI 的探索正在持续进行。BDI 和各个领域相结合,取得了很多标志性研究成果,涉及临床领域(如抑郁症门诊筛查诊断)和非临床领域(如大学生、慢性病人心理状况筛查,跨文化研究)。此外,BDI 的因子结构目前还有待进一步探索,相关研究主要集中于探索性、验证性因子分析和双因子模型因子结构研究分析两个方面。

(二)国外发展历程

1. 探索性和验证性因子分析

BDI-Ⅱ在研究和临床中普遍使用,尽管众多学者进行了大量研究,但其因子结构仍然没有定论。Steer 等(1999)对 BDI-Ⅱ进行了探索性因子分析,发现了代表躯体情感和认知维度的两个因子,与贝克先前报告的一般精神病患者的因子组成相当。随后的验证性因子分析结果支持贝克提出的模型,其中BDI-Ⅱ反映了自我报告的抑郁症的一个潜在二级维度,该维度由代表认知和非认知症状的两个一级因子组成(Steer, et al., 1999)。

McElroy 等(2018)基于 370 名临床门诊患者数据分析发现,双因子结构模型比一维和非层次多维模型拟合度更佳,最佳拟合模型由一般抑郁因子(G)与认知、躯体和情感 3 个特定组别因子(S)组成。一般抑郁因子的高因子载荷特征支持了 BDI-Ⅱ测量单个潜在结构的观点。

Faro 和 Pereira(2020)基于 717 名 18~65 岁成年人的数据,对已提出的因子结构(单因子、双因子和三因子结构)7 种模型进行对比分析。结果表明由 Gorenstein 等(2011)提出的双因子结构(包括认知情感因子和躯体情感因子)验证性分析结果最优,建议从整体得分来解读抑郁严重程度。

由此可见,虽然双因子结构有着更好的拟合度,但是研究者们仍更建议从总得分来诊断和评估抑郁程度。若要用到维度分数,则需要和总分相结合使用。

2. 双因子模型因子结构研究分析

近年来有很多关于 BDI-Ⅱ的研究都使用了完全对称双因子模型,然而这种方法普遍产生了难以解释的异常结果。例如 S 因子之间不相互独立,从而导致心理测量和解释上的困难(Eid, et al., 2017)。Eid 等从传统双因子模型的局限性出发,提出了双因子(S-1)模型作为拟合双因子结构的替代方法。这个做法减少了在完全对称双因子模型中观察到的问题结果，给出了 G 因子的明确含义，能够与 S 因子相结合，从而更好地解释数据。另外，以症状为导向的一阶验证性因子分析模型也是一种合理的选择。

传统的双因子模型与 Eid 提出的双因子模型有着显著区别，在双因子 (S-1) 模型中，一般因子 (G) 被给予明确的定义并将不同的域和参考域进行对比。举例来说，假设一位医生用两种方法分别测量了身高和体重，这两种指标之间有很强的相关性。经典双因子模型可以模拟一个传统的 G 因子（姑且称为"体质"），以及两个特定组别因子（即体重因子和身高因子）。然而，体质衡量标准是什么，G 因子的分值代表什么，以及知道一个人体质大小有助于哪些方面治疗决策，传统双因子模型难以给出答案。而双因子（S-1）模型的支持者可以选择以身高域作为参考来定义一个 G 因子，并为体重建立一个特定组别因子（S 因子），于是 G 因子就有了非常明确的含义，即经过测量误差校正后的个体身高；特定组别的体重因子也有着明确的含义，表明一个人的体重是高于还是低于这个人的身高所预期的体重。这些知识将明确地帮助医生做出治疗的决定。

Heinrich 等则将 Eid 等提出的双因子（S-1）模型引入 BDI-Ⅱ 的探讨和研究，比较了完全对称双因子模型、症状导向双因子（S-1）模型和一阶验证性因子分析模型在成人大样本（$n = 3279$）中的适用性（Heinrich, et al., 2020），发现完全对称双因子模型产生了异常结果。例如，显著性因子载荷在验证性因子分析模型中为正值，在该模型中变为负值且存在收敛问题；基于症状的一阶验证性因子分析模型和双因子（S-1）模型拟合度较好。这表明完全对称的双因子模型可能不适用于解释抑郁模型。研究者认为，不应仅因为完全对称双因子模型拟合度更好而使用它，如果域在结构上不能理解为可互换的，域在结构上的不同将导致一般因子（G）的解释歧义。如果需要使用双因子模型，那么症状应该被看作是在结构上不同的，因此更加鼓励采用双因子（S-1）模型。但在使用该模型时，研究人员应视一般因子和特定组别因子的定义是否符合自己的研究问题而决定。如果不需要使用双因子结构模型，那么面向症状的一阶 CFA 模型更合适。研究者还建议将 BDI-Ⅱ 的条目与其他涉及相同症状的问卷相结合使用，这种以症状为导向的方法有助于更深入地了解抑郁症状。

3. BDI-Ⅱ 的跨文化适应性

BDI-Ⅱ 的跨文化适应性也是研究者常关注的问题。BDI-Ⅱ 已经被翻译成多国语言并投入临床使用，跨文化研究具有必要性和紧迫性。文化差异的研究主要集中于中西方的文化差异，在此话题上比较有争议的是中国在症状问卷上是否更多地支持躯体症状。Jessica 等（2015）认为，大学生抑郁障碍评估工具的跨文化有效性相当重要，并进行了一次涉及欧洲、北美、中国本科生的大型跨文化研究，发现 BDI-Ⅱ在文化和性别上都有很强的测量不变性。这些发现对 BDI-Ⅱ的研究和使用有一定的指导意义（Jessica，et al.，2015）。由于数据来源于本科生，有特定教育背景的影响，故跨文化研究还需要进一步深入。

五、国内发展历程和现状

（一）国内发展简介

国内对 BDI 的基础研究主要围绕量表的引进、修订以及不同样本间的信效度检验展开。目前我国对 BDI 的应用已经较为成熟，但是对 BDI-Ⅱ和其他版本的研究起步较晚。近几年的研究主要集中于 BDI-Ⅱ信度检验以及因子结构分析上，对其他版本的研究极少。

（二）国内发展历程

1. BDI 的研究历程

从我国学者的研究结果来看，BDI 的信效度总体良好，但对结构效度的因子分析结果不一。除了张雨新等（1990）的研究支持 BDI 信度和效度良好，后来大多数研究都表明 BID 结构效度不理想。付建斌等（1997）使用验证性因子分析发现 BDI 结构效度并不理想。王克勤等（2001）使用探索性因子分析，发现不同样本间的因子构成明显不同，与 BDI 只测量抑郁因子的理论构想不符。游永恒等（2011）通过因子分析得到躯体障碍和抑郁情绪两大因子，与心理学中对抑郁的定义较为一致，但自罪感（E）、自责（H）、痛哭（J）、体重减轻（S）等 4 个项目在两个因子上的载荷差值均小于 0.20，再次证实量表的结构效度欠佳。

2. BDI-Ⅱ的研究历程

由于 BDI 和 BDI-Ⅱ内容有较大差异，划界分数也明显不同，在与国外抑郁相关研究的比较中容易引起混淆，所以王振等（2011）对 BDI-Ⅱ进行了引进与翻译。量表经过原作者授权后，由 2 位精通英文的精神科医生翻译，并由另一名精神科医师回译，经与原文比对后确定中文译本，未增减任何项目，各项目表述简单易懂，且符合中国文化的表达习惯，研究评测中未遇到患者难以理解的现象。王振等（2011）的研究初步证实了中文版在复发性抑郁人群中信度和效度较好。

在王振等（2011）研究的基础上，杨文辉等（2012）在我国大学生中进一步分析其信效度，研究结果提示 BDI－Ⅱ－C 在我国大一学生中具有良好的信度和效度，是一种适合于大一学生人群使用的抑郁自评工具。此外，杨文辉等（2014）发现：由王振等（2011）翻译的 BDI－Ⅱ－C 条目虽然简单易懂，但某些项目在反应选项的评分等级上，对症状严重程度的区分表述不够准确或清晰，比如关于项目"疲乏"，选项 2 和选项 3 的程度差别不够清晰（"因为太累或者太乏力，许多/大多数过去常做的事情不能做了"）；对于食欲或睡眠减少或增加的两种行为改变，反应选项没有按照原量表进行区分，而是将两种行为反应合并表述在一个反应选项上；对各项目选项前评估的症状没有按照原量表的呈现方式进行描述。

杨文辉等（2014）采用返回翻译法对 BDI－Ⅱ 进行重新编制，经量表原作者授权翻译原量表后，再由一位双语心理学家回译成英文，并将回译的英文与原文比对，通过再次修改确定中文译本，力求使中文版各项目忠实于原文，表达准确、清晰易懂。中文版未增减任何项目。杨文辉等（2014）在我国青少年人群中对 BDI－Ⅱ－C 进行了初步分析，证明了 BDI－Ⅱ－C 在我国青少年中具有良好的信度和效度，能够作为我国青少年抑郁症状筛查和严重程度评估的自评工具。

蒋水琳（2020）采用探索性双因子建模等方法，探索并检验 BDI－Ⅱ－C 在我国大学生中最优且合理的因子结构；同时，采用验证性因子分析比较传统相关特质和双因子模型拟合数据的优度、因子解释共同变异的比例，以及量表总分和因子分的同质性系数。结果表明，双因子模型中的全局因子为两个组别因子提供了共同变异，组别因子解释项目变异的比例却非常有限。相关特质模型虽然拟合指标值达优，但因子所属项目在不同样本中很不一致，导致其分数很难解释；分量表的大部分变异归因于全局因子，而不是特定因子的项目反应。此研究结果表明，双因子模型优于相关特质二因子（三因子）模型，全局抑郁因子是因子结构中最重要的成分，相关特质模型可能不能准确描述抑郁的潜在结构。这说明，在我国大学生中，BDI－Ⅱ－C 最合理的因子结构为双因子结构，与前人研究结果一致。该研究也提示我们，对我国大学生群体来说，特定因子的解释力较为有限，因此采用量表总分才能合理可靠地评估抑郁严重程度，使用分量表分数则会引起误导性结论。

六、应用

（一）国外应用

国际上，BDI已经被翻译成多国语言并投入广泛使用。BDI具有跨文化适应性和性别不变性。例如，Mellick等（2019）的研究表明，BDI-Ⅱ在非裔美国人、拉丁裔和白种人青少年精神疾病住院患者抑郁症状的评级中具有测量不变性；Keller等（2020）对青少年精神疾病患者的研究支持BDI-Ⅱ跨性别的测量不变性。BDI运用最多的是临床领域，常作为门诊医生用来筛查抑郁症的手段，也常用于社区青年群体、大学生、中学生乃至老年人以及各类慢性病人的抑郁情绪评估。最新研究显示，BDI的总分仍然是用来解读的主体，当然也可将总分作为一般因子（G）和特定组别因子（S）的结合，以症状为导向，做出更合适的临床评估。

（二）国内应用

国内最近的应用研究也主要围绕BDI-Ⅱ展开。BDI-Ⅱ是最常用的抑郁自评量表，既可用于对抑郁严重程度的评估，也可用于一般人群抑郁的筛查（向慧等，2016）。刘红旗等（2019）对比了WHO-5幸福感指数量表与BDI-Ⅱ对帕金森病患者抑郁症的诊断价值，发现BDI-Ⅱ诊断灵敏度显著大于WHO-5幸福感指数量表，具有更高的诊断抑郁症的能力。欧韵菁等（2021）使用BDI-Ⅱ测量了服刑人员的抑郁状况，发现入狱时间长短与抑郁呈正相关，服刑人员的抑郁情况与童年创伤有着紧密关系。

除了应用于筛查和评估，还有研究者将BDI-Ⅱ作为效标，如刘勇等（2019）以BDI为参照标准，测量关系自尊量表测评中学生人群的效度。

（三）贝克抑郁量表施测的伦理问题

1. 被试参与的自愿性

研究者在进行BDI的相关研究时，出于时间和效率的考量，会选择学生群体进行施测，并由班主任或任课老师来发放问卷，这种老师和学生之间隐形的权威关系会使学生不敢中途退出，有的学生也不知道自己有自愿退出研究的权利。因此，在使用BDI时，要保证被试明确知道自己有自愿退出的权利，并且不受任何他人的影响。

2. 被试的知情同意权

知情同意是保障被试权益的重要措施之一，包括充分告知、完全理解、自主选择3个过程（施金钗等，2018）。研究者要用被试易于理解的语言，将测验的信息准确完整地告知被试，确保被试是在充分理解的情况下自愿参与测验。为检测真实结果而对被试隐瞒研究目的，研究者可以申请豁免对被试的知情同意，由机构伦理委员会对整个实验的风险与收益进行评估。研究者如果对被试进行了隐瞒，必须在实验结束后详细告知被试真实情况，以保障被试的知情同意权。研究者应尽力将不可避免或无法预见的伤害程度降至最低，或在事后及时地设法补救。例如，BDI 可能会唤起被试的消极情绪，从而对被试产生伤害，因此在施测过程中及施测后，研究人员都需要有风险管理预案，并及时地对被试进行心理干预，消除这些不良影响。

3. 被试的隐私权

实验开始前，研究者有义务告知会对被试的信息进行保密，这种对隐私权的保护贯穿整个实验过程并将一直持续，不会对他人（包括家属）泄露被试的个人信息。但也需要提前告知被试，在哪些特殊情况下对某些信息匿名处理后可作为研究结果发表。研究者应在充分告知的前提下消除被试的顾虑，让被试安心地参加实验（Derksen，2001）。抑郁症患者很容易被他人贴上消极标签和以不一样的眼光看待，在对抑郁群体进行量表测量时，需仔细考虑被试隐私权的问题，满足他们的尊重需要，保护他们的身份信息。

七、不足与展望

总体而言，BDI 信度和效度良好，是评估抑郁症状的有效工具，但是 BDI 因子分析的结果存在差异，且有大量研究表明 BDI 结构效度欠理想。建议在使用 BDI 时只使用总分进行评估，而不分别评估各个项目的分值。

许多研究也表明，双因子模型的拟合效果最好，而在双因子模型分析进一步研究得到的双因子（S-1）模型则更优于双因子模型（Heinrich，2020）。今后的研究仍然会集中在双因子模型上继续深入。目前一般鼓励从总分上进行评估，但在双因子模型分析中，临床医生可以结合一般因子和特定组别因子给出更好的评估，这有利于更具体、更有针对性地了解每一个体的情况。研究的另外一个方向将会继续在跨文化领域中推进，即与不同文化相结合，推动 BDI 更好地本土化，这有利于全世界抑郁症状况的改善。最后的一个研究方向将集中于 BDI 的维度上，目前已有单维度模型、双维度模型和三维度模型，各学者提出的版本也不尽相同，当前并无定论，有待进一步探讨。

第三节　凯斯勒心理困扰量表

凯斯勒心理困扰量表（Kessler Psychological Distress Scale）由 Kessler 等编制而成，是用于评定人群心理状况、筛查心理疾病的有效工具。本节对凯斯勒心理困扰量表（K10 和 K6）进行了介绍，包括量表的编制过程、常模、国内外关于 K10 的信度及效度研究以及实际应用，重点介绍了其在新冠病毒感染疫情中的应用情况，最后总结 K10 的不足并提出未来的改进方向。

一、引言

凯斯勒心理困扰量表也叫凯斯勒心理疾患量表，是用来评定人群心理状况和筛查心理疾病的有效工具，由 Kessler 等于 1994 编制而成，后来被发展为调查人群心理健康状况危险因素的量表。美国、澳大利亚等多次利用该量表进行大规模的心理健康状况调查，WHO 也曾使用其调查多个国家居民的心理健康情况。该量表有两种使用较为普遍的版本，一种包含 10 种心理症状（Kessler 10 Psychological Distress Scale，K10），另一种则仅含前述 10 种心理症状中的 6 种（Kessler 6 Psychological Distress Scale，K6）。

心理困扰（Psychological distress）是个体在日常生活过程中，因内、外部原因影响而引起的在某一时期内出现的焦虑与烦恼、迷茫与疑惑、低沉与沮丧等不良反应的心理状态。心理困扰本身不是病态反应，而是任何人都可能在人生的某一时段出现的一种认知冲突、心境烦躁、体验不爽的心理反应，可以是情绪、人际关系或学业、工作、处事等诸多方面的不适感受。

相比于心理障碍和心理疾病而言，个体心理困扰往往表现得轻微些，是一种轻度心理问题，没有构成可辨认的临床综合征，一般可通过主动自我调适或寻求他人帮助得到解决。但是，任何重度心理问题都有由"简单"起因经"频繁"累积而发生的演进过程。因此，心理困扰是引发一切更严重心理问题的最根本的起因，经常性的心理困扰必然导致个体意志消沉、精神萎靡、心态失衡，滋生心理障碍、心理疾病以致心理危机。

对于心理困扰的测量，目前有以下 5 种量表较为常见（见表 3-10）：

（1）凯斯勒心理困扰量表（K10）由 Kessler 等于 1994 年编制，旨在评估患者过去 4 周中焦虑和压力水平等非特异性心理健康相关症状的频率，包括劳累、紧张、无助、不安、沮丧、无兴趣感、无价值感等。

(2) 流调用抑郁自评量表（CES－D），由美国国家精神卫生研究所 Sirodff 于 1977 年编制。该量表较广泛地用于流行病学调查有抑郁症状的对象以便进一步检查确诊，也被用于临床检查和评定抑郁症状的严重程度。与其他量表相比，CES－D 更着重于个体的情绪体验，较少涉及抑郁时的躯体症状。

(3) 抑郁自评量表（SDS）共 20 个项目，每个条目由七级评分构成，测量方面包括精神性－情感症状、躯体性障碍、精神运动性障碍、抑郁性心理障碍。SDS 为美国教育卫生福利部推荐的用于精神药理学研究的量表之一，主要适用于具有抑郁症状的成年人，包括门诊及住院患者。SDS 使用简便，能相当直观地反映病人抑郁的主观感受及其在治疗中的变化，当前已广泛应用于门诊病人的粗筛、情绪状态评定以及相关调查研究等。

(4) 焦虑自评量表（SAS）由 Zung 于 1971 年编制，适用于具有焦虑症状的成年人，可作为咨询门诊中了解焦虑症状的自评工具，与 SDS 一样应用广泛。本量表含有 20 个反映焦虑主观感受的项目，每个项目按症状出现的频度进行四级评分，其中 5 个项目采用反向评分。

(5) 90 项症状自评量表（SCL－90）主要用来评估个体可能存在的心理问题，多应用于大型综合性医院和心理门诊的心理问题筛查，包含 90 个项目。该量表已在本章第一节详细介绍。

表 3－10　常用心理困扰量表的特点

量表名称	作者	时间	特点
凯斯勒心理困扰量表	Kessler，1994	过去 4 周	10 题，题目少，易理解，可适用于大规模调查当中
流调用抑郁自评量表	Sirodff，1977	过去 1 周	20 题，更着重于个体的情绪体验，较少涉及抑郁时的躯体症状
抑郁自评量表	Zung，1965	过去 1 周	20 题，使用简便，分析方便，能较直观地反映病人抑郁的主观感受，目前广泛用于门诊病人的初筛、评定
焦虑自评量表	Zung，1971	过去 1 周	20 题，特点与抑郁自评量表相同
90 项症状自评量表	Derogatis，1973	过去 1 周	90 题，题目多，覆盖范围全面，适用人群广，但不适用于大规模的心理测量

二、凯斯勒心理困扰量表的国外研究

（一）K10 和 K6 的编制

第二次世界大战后，非特定性心理困扰（Non－specific psychological

distress）的维度量表已经应用于社区流行病学研究，广泛用于基本精神疾病筛查和临床研究中的症状严重程度和治疗效果评估。20 世纪 80 年代初，由非专业访谈员进行的完全结构化的研究诊断访谈逐渐成为社区流行病学调查中精神病理学的衡量标准。基于完全结构化访谈调查的结果，多达一半的普通人群符合一种或多种终生国际疾病分类（ICD）或诊断和统计手册（DSM）中疾病的标准，多达 1/5 的人在任何时间点都被诊断为患有 DSM 或 ICD 中的一种疾病。这种高患病率招致了许多质疑，尽管后续的临床研究证明其是准确的，但现实中许多社区病例的严重程度比治疗病例要低得多（Kessler，et al.，2002）。

鉴于符合精神障碍标准的人口比例很高，而对应的社会资源有限，一些流行病学者呼吁区分严重和不太严重的患者，以便医疗政策的实施。非特定性心理困扰的维度测量的重要性得以显现，即根据严重程度而不是纯粹根据诊断来区分社区病例，但现有的非特定性心理困扰量表大多不适用于大规模的人口调查。在此基础上，Kessler 决定开发一种新的心理困扰量表，可用于美国全民健康保险研究（NHIS）等大型调查当中。

1. 数据

数据来自五项社区调查报告。前两项是试点调查，分别为邮件调查和电话调查，参与人数分别为 1403 人和 1574 人，在调查问卷的项目上，使用项目反应理论（Item Response Theory，IRT）的方法从较大的项目池中筛选项目。

第三项是临床再评价调查，其中第一阶段对 1000 名成年被试进行了简短的电话筛选访谈，第二阶段对 155 名第一阶段的被试进行面对面访谈，以验证 K10 作为筛选工具的有效性。

最后两项工作是在美国和澳大利亚进行的大型政府健康调查，其中 K6 用于 1997 年（$n=36116$）和 1998 年（$n=32440$）的 NHIS，K10 用于 1997 年澳大利亚国家心理健康调查（NSMHWB），共有 10641 户家庭参与。

2. 筛选项目

通过删除多余和不明确的问题，将表 3-11 所示项目池中的 612 个问题减少到 235 个。这个简化的集合被分类到内容域中并以一种格式重写，询问被试在过去 30 天内经历每种症状的频率。进一步的规模开发集中在 DSM-Ⅲ-R 诊断中的 15 个领域，包括重度抑郁症、广泛性焦虑症和积极情感领域等。这些领域的问题被提交给一个由调查研究人员组成的专家顾问小组，他们对每个问题进行评分，只保留始终被评为措辞清晰的问题。通过上述方法最终确定了 45 个问题，再基于邮件调查的结果将问题确定为 32 个。这些问题将会用于电话调查中，以产生最终的 K10 和 K6。

表 3-11　K10 和 K6 的初始项目池来源

量表名称	来源	项目数量
Psychiatric Epidemiology Research Interview Demoralization Scale	Dohrenwend, et al. (1980)	27
Carroll Depression Scale	Carroll, et al. (1981)	52
Health Opinion Survey	MacMillan (1957)	20
Taylor Manifest Anxiety Scale	Taylor (1953)	50
Stimulus-Response Inventory	Endler, et al. (1962)	62
Self-Rating Depression Scale	Zung (1963)	20
Anxiety Status Inventory	Zung (1971)	20
Beck Depression Inventory	Beck, et al. (1961)	21
Depression Adjective Checklist	Lubin, et al. (1967)	32
General Well-Being Scale	Hanes Fazio (1977)	20
Symptom Checklist-90	Derogatis (1983)	90
Center for Epidemiologic Studies Depression Scale	Radloff (1977)	20
General Well-Being Scale-Rand	Ware, et al. (1979)	46
Gurin Scale	Gurin, et al. (1960)	20
General Health Questionnaire	Goldberg (1972)	30
22-Item Screening Scale	Langner (1962)	22
State-Trait Anxiety Inventory	Hodges & Spielberger (1969)	40
总计		612

3. 分析

首先，对邮件调查和电话调查的结果进行因子分析，并使用 IRT 模型来进行项目筛选。IRT 是用来分析考试成绩或者问卷调查数据的数学模型，旨在确定潜在心理特征能否通过测试题被反映出来，并确定测试题和被测试者之间的互动关系，广泛应用在心理和教育测量领域（Hambleton，1991）。其次，使用接受者操作特征（Receiver Operating Characteristic，ROC）曲线分析临床再访谈调查结果。最后，在 NHIS 和 NSMHWB 中检验量表在大型调查中的信度和效度。

4. 结果

通过上述 3 个分析步骤，最终筛选出 K10 和 K6 的项目。因子分析的结果显示 K10 和 K6 的效度较高。K10 和 K6 在人口分布的第 90 至 99 百分位数范围内是敏感的，具有出色的区分效果。对电话调查结果的分析证明 K10 和 K6 具有极好的内部一致性信度，Cronbach's α 系数分别为 0.93 和 0.89。对临床再访谈调查结果进行分析发现，K10 和 K6 对心理困扰有非常好的辨别力。

（二）信度和效度检验

1. 英语人群中的信度和效度检验

在 K10 和 K6 的编制过程中，已经将该量表应用于大型的心理健康调查当中，得到了很好的信度和效度。K10 在 NSMHWB 中的 Cronbach's α 系数为 0.92，K6 在 NHIS 和 NSMHWB 的 Cronbach's α 系数分别为 0.92 和 0.89，表明具有优秀的内部一致性信度。Andrews 等在 2001 年的研究结果表明，K10 可以广泛应用于澳大利亚人群心理健康状况调查，并具有良好的信度和效度的量表。

在对澳大利亚毒品注射者的研究中，K10 具有很高的内部一致性，Cronbach's α 系数为 0.84，ROC 曲线下的面积为 0.86（Hides, et al., 2007）。

2. 非英语人群中的信度和效度检验

K10 和 K6 是为了筛查英语人群的非特异性心理困扰和严重精神疾病而开发的，其信度和效度主要基于英语人群样本数据，因此很有必要检验 K10 和 K6 在跨文化情境下的信度和效度。Stolk 等（2014）检验了原始 K10 和 K6 在跨文化情境和人群中不同语言翻译版本的信度和效度，证明了原始 K10 和 K6 对不同文化群体的有效性有限，并且在临床环境中翻译或改编的 K10 和 K6 的文化等效性也不可观。而 Kang 等（2015）用 K6 对 8289 名中国大学本科生施测，得到 K6 的重测信度为 0.79、Cronbach's α 系数为 0.84，证明了 K6 在检测中国大学生群体严重心理疾病中的价值，并支持其跨文化信度和效度。此外，也有研究者使用标准统计方法评估斯瓦希里语版本 K10 在坦桑尼亚受伤人群中的心理测量特性，发现 K10 的两个翻译版本具有较好的信度和效度（Nickenig, et al., 2018）。综上可知，目前 K10 和 K6 在跨文化应用中仍有一定争议。

（三）常模

2001 年，澳大利亚统计局开展了全国健康调查，使用 K10 测量了 140 万名成人的心理困扰水平。调查结果显示：3.6%的成人患心理疾患的危险性高；9.0%的成年人患心理疾患的危险性较高；23.0%的成年人患心理疾患的危险性低；64.3%的成年人没有患心理疾患的危险性。

（四）应用

K10 和 K6 自开发起就应用于美国和澳大利亚的国家健康调查中（Kessler, et al., 2002）。随后，K10 逐渐用于加拿大、印度、南非、伊朗、新西兰、埃塞俄比亚、日本、法国等国家的心理状况调查，其有效性得到了检验。

K10 和 K6 同样应用于各类人群，涵盖各年龄段以及各类职业。Yang 等（2020）运用 K10 调查了中国 14 个贫困县 1400 名 65 岁老年人的心理健康现状，发现其 K10 平均得分为 17.40 ± 6.31，整体心理健康状况较差，且心理健康与受教育程度、年龄、性别、年人均收入相关。

2010 年以后，随着 K10 在不同国家筛查焦虑、抑郁等心理健康问题的有效性及便捷性得到验证，该量表逐步广泛应用于各个国家的不同领域，相关文献逐年增多。K10 不仅局限于普通人群的流行病学调查，还越来越多地用于临床科研，并在一些研究中与其他心理健康量表联合应用，如探索 K10 对特定心理状况的筛查率以及与其他量表之间的吻合性。

2020 年初，全球新冠病毒感染疫情暴发，许多研究者开始使用 K10 和 K6 研究新冠病毒感染疫情对不同国家、人群心理健康的影响，并寻求有效的干预手段。沙特阿拉伯的相关研究显示，前线医护人员严重心理困扰患病率为 27.3%，与心理困扰相关的因素分别为性别、每周工作时间、地区以及使用心理服务的频率（Alamri, et al., 2021）。中国的研究（Chen, et al., 2021）显示，生活在受感染社区的人往往感受到更高程度的心理困扰，人们对疫情的预期持续时间与更高的心理困扰有关，一定程度上受邻里噪音水平和整体环境质量的影响。美国的一项纵向研究使用 K6 对比 2019 年 2 月（T1）和 2020 年 5 月（T2）两个时间点的成年人心理健康状况，发现两个时间点成年人严重心理困扰的患病率一样高（10.9% 对 10.2%），心理健康影响因素类似（Breslau, et al., 2020）。其他研究发现，新冠病毒感染疫情期间美国移民尤其是非法移民的 K10 得分显著提高（Serafini, et al., 2021）；感染新冠病毒的足球运动员的抑郁、焦虑、压力和心理困扰得分更高（Lima, et al., 2021）。

三、凯斯勒心理困扰量表的国内研究

(一)K10 的首次应用

2005 年 1 月,山东大学社会医学与卫生事业管理研究所联合威海市疾病预防控制中心利用 K10 对威海市 15 岁及以上居民的心理健康状况进行调查分析。该研究采用分层整群随机抽样方法,共调查了 11652 人,并对被试的年龄、性别、城乡分布、婚姻状况、受教育程度、职业、家庭年均收入进行了分类。分析结果显示,被试的 K10 分值总体分布为 13.28 ±0.052,22 ％的居民心理健康状况相对较差,居民的心理健康问题不容忽视。研究表明,K10 是一种简单有效的调查工具,可用于大规模人群心理健康状况调查(徐凌忠等,2005)。

作为 K10 在中国的首次应用,该研究具有一定创新性,但其问题也十分明显:①没有检验该量表的信度和效度;②直接翻译原版得到中文版量表,未做任何本土化的修改,该量表是否适用于我国人群的心理健康测量有待进一步研究。

(二)K10 的信度和效度检验

2008 年,周成超等开展了对 K10 的信效度检验,采用随机整群抽样抽取某综合性大学本科班级 18 个,共发放问卷 871 份,收回有效问卷 842 份,并于两周后抽取其中的 490 名进行重测。结果显示,复测结果 Kappa 指数为 0.70 ($p < 0.001$);K10 量表中文版的分半信度为 0.71 ($p < 0.001$);Cronbach's α 系数为 0.80 ($p<0.001$);经模型拟合,二阶双因子模型很好,模型拟合可接受。因此,K10 中文版具有较好的信度和效度,可以在中国人群中推广使用。

李海燕等(2019)在潍坊市中小学生意外伤害与心理健康现状及相关性的研究过程中对 K10 的信度和效度进行了检验,得到 Cronbach's α 系数为 0.76,分半信度为 0.74,具有较高的信度;KMO 检验和 Bartlett 球形检验显示 KMO 值为 0.93,$p<0.005$,因子分析结果显示该量表具有较好的效度。

除上述两项研究外,国内有关 K10 的应用研究或直接认可前人的信效度检验,或仅对信度进行检验。念淑兰和陈艳晶(2018)在研究自闭症儿童父母心理困扰与病耻感和自我同情的相关性时,对 K10 进行信度检验,得到内部一致性系数为 0.82。许建强(2019)利用 K10 对规模概率抽样获取的 1193 名医学生的心理健康状况进行测量,得到 Cronbach's α 系数为 0.91,问卷信度佳。一项研究采用 K10 评估 2203 名 60 岁以上农村老年高血压患者的心理健康状况，并对该量表进行了信度分析，得到 Cronbach's α 系数为 0.92（王倩等，2019）。王影等（2020）在研究应对方式在乳腺癌患者成人依恋和心理困扰间的中介作用时，采用 K10 测量患者心理困扰，得到 Cronbach's α 系数为 0.88。2020 年开始，不断有研究者开始发表有关 K10 在新冠病毒感染疫情背景下应用的相关研究结果，例如刘坤等（2020）利用 K10 对新冠病毒感染防治一线医务人员亲属心理健康状况进行调查，得到 Cronbach's α 系数为 0.88；崔荣宝（2021）利用 K10 对新冠病毒感染疫情下 1176 名普通居民心理健康状况进行测量，得到 Cronbach's α 系数为 0.90。

（三）K10 常模

目前国内研究者在分析 K10 结果时所依据的常模基于徐凌忠等的研究。但徐凌忠等在《Kessler10 在我国的首次应用研究及其重要意义》（2005）和《威海市居民心理健康状况及其影响因素》（2006）两篇文章中的 K10 均值分布却有明显差异，见表 3-12 和表 3-13。

表 3-12　威海市 15 岁及以上居民 K10 分值分布情况 1

分段	人数	比例（%）	K10 均值分布	2002 年澳洲维多利亚数据*
10~15	9092	78.0	10.76±0.014	67.5%
16~20	1508	12.9	1848±0.042	212%
22~29	711	6.1	24.79±0.082	8.6%
30~50	341	3.0	33.26±0.276	2.7%
合计	11652	100	1328±0.052	100%

注：* 2002 年澳洲维多利亚数据来自 2002 年维多利亚州人口健康普查调查报告，人口年龄在 18 岁以上。

来源：《Kessler10 在我国的首次应用研究及其重要意义》（徐凌忠，2005）。

表 3-13　威海市 15 岁及以上居民 K10 分值分布情况 2

分段	人数	比例（%）	K10 均值分布
10~15	9092	78.0	10.8+148
16~20	1508	12.9	18.5+1.7
22~29	711	6.1	21.8+2.2
30~50	341	3.0	33.3+5.1
合计	11652	100	13.3+5.6

来源：《威海市居民心理健康状况及其影响因素》（徐凌忠，2006）。

（四）K6

2012 年，徐浩等采取随机分层抽样方法在四川某高校抽取 1380 名大学生，比较 K6、K10 在高校大学生心理调查中的应用，并分析高校大学生的心理健康现状（2013）。这是国内为数不多的对 K6 的研究，也是国内首次将 K6 和 K10 两个量表进行对比的研究。K10 与 K6 两个量表的总分进行 Pearson 相关分析，结果显示 K10 与 K6 相关性较高（$r=0.97$，$p<0.001$），表明 K6 结果对 K10 结果有一定的代表性（徐浩等，2013）。

徐浩等（2013）认为，与其他项目数较多的心理调查量表相比，使用 K6 能节约调查时间，更容易获得被调查者的配合，同时降低后期数据录入的错误率，让心理调查工作变得更简单易行，因此可考虑推广使用 K6 进行大规模人群的心理健康调查。然而，正因为 K6 项目数较少，所包含信息也相对较少，所反映心理状况并不全面。研究者应视研究目的的不同，选择性地将 K6 与其他反映不同心理维度的量表结合使用。

（五）其他应用

1. 新冠病毒感染疫情中的应用

新冠病毒感染疫情期间，一线医务工作者承担着极大的身心压力和风险，"睡不着""做噩梦"这些词经常出现在对一线医护人员的采访文章中。目前已发表的研究中很少直接用 K10 测量一线医护人员心理健康状况，但有学者对山东省 1 家大型综合医院 433 名临床护士进行调查，发现 32.4% 的护士心理健康状况较差（刘萍等，2020）。

医护人员的家属也是新冠病毒感染疫情背景下被重点关注的对象。刘坤等（2020）用 K10 调查 426 名参与一线抗疫工作的医护人员家属，发现家属们虽然对一线医务人员工作的总体支持度好，但其心理健康状况总体水平显著低于居民常模。

新冠病毒感染疫情对住院病人的心理健康也有一定的影响。陈雪红等（2021）对广东省 5 所三甲医院 189 例肿瘤患者进行网络问卷调查，发现新冠病毒感染疫情期间肿瘤患者存在一定程度的心理困扰，检出率为 50.79%，疼痛、饮食状况、对疫情担忧程度是重要影响因素。

除此之外，一些学者研究了受新冠病毒感染疫情影响的普通居民。王冬雪等（2020）共调查 1111 名大学生，其 K10 平均得分为（14.93±6.79）分，其中 32.04% 的大学生存在心理困扰。崔荣宝（2021）对 1766 名居民进行的问卷调查结果显示，疫情期间居民的心理健康状况 K10 总均分为（19.26±

6.03）分，心理问题检出率 69.59％，高于非疫情期间常模研究 22％的标准。

2. 医学领域中的应用

在医学领域，有关 K10 的应用研究常见于有关各类疾病（包括癌症）的心理干预的文章当中。程杨杨等（2015）应用 K10 对山东省农村肺结核病人的心理健康状况进行了调查，结果显示有 1/3 的农村肺结核病人的心理健康状况低于一般水平，其心理健康受多种因素影响。除疾病带来的身体不适和痛苦外，患者往往产生脾气差、心情不佳、对家人更加依恋等心理变化，其心理健康很少得到应有的干预，甚至可能面临周围人"矫情""娇气"等负面评价。K10 在不同的疾病患者中的应用研究可以帮助医生掌握患者的心理状况并进行心理干预，从而帮助患者积极应对疾病。

与其他领域不同的是，医学领域的学者都会在自己的研究中进行 K10 的信度检验，为 K10 在中国可以直接使用提供了大量的证据支持。

3. 对不同人群的应用

1）中小学生

在有关中小学生的心理状况研究中，K10 使用较少，一般健康情况问卷和 SCL－90 使用更多。使用 K10 的研究一般也不单独使用该量表，通常将心理健康状况同其他变量放在一起分析以探寻其间关系。

李海燕等（2019）采用分层随机整群抽样方法抽取潍坊市 4250 名中小学生进行研究，发现中小学生意外伤害的发生与心理健康状况之间存在密切关系，发生过意外伤害的中小学生 K10 各因子的得分均高于未发生过意外伤害的中小学生。

陈芸等（2019）对潍坊市 12 所中学的 3250 名中学生进行调查研究，结果显示心理问题检出率为 21.89％，不同性别间无显著差异；中学生心理健康状况受家庭客观环境影响，关注中学生心理健康应针对不同家庭对子女的教育提供相应的建议。

2）大学生

近年来，大学生心理健康普查工作在高校已基本普及，但在工具使用上还存在一些困扰，因此部分研究者开始使用简单易操作的 K10 来评估大学生基本心理状况。

刘明波等（2012）调查了上海某高校各专业研究生新生 2448 人，发现研究生中心理疾患高风险者比例约 4.2％，比普通居民高，比大学本科生低；K10 作为非特异性心理症状的评定和筛选量表，可在研究生心理健康问题高风险者的筛选中得到有效应用。

3）其他人群

K10 的应用研究还涉及老年人、白领、牧民、城乡居民、城中村居民等，表明国内的研究者已经不断尝试将 K10 应用于大规模人群的心理健康调查当中，虽然其中一些研究的信度和效度有待验证，但所涉及的大量样本分析为 K10 的中国化提供了不少研究资料。

四、不足与展望

K10 不同于 SCL-90、焦虑自评量表、抑郁自评量表等量表，它的诞生源于研究者对一个简短有效、能进行大规模人群心理健康状况筛查的工具的寻求。目前，国外已有的相关研究表明 K10 的信度和效度高，可以进行广泛的应用。

国内为数不多的研究表明，K10 在测量成年人（包括大学生）心理健康状况时具有很好的信度和效度，但有关 K10 在中小学生尤其是小学生中的应用效果还有待进一步验证。K10 中文版涉及的诸如"无缘无故""劳累""紧张""平静""价值"等词语较为抽象，中小学生尤其是小学生可能无法很好地界定和理解这些词汇，让他们直接进行自测得到的结果可能并不是真实的。如将问题修改成符合他们年龄认知的语句，可能会得到更好的结果。例如，"您是否经常感到没有什么价值"可以修改为"您最近两周是否经常觉得自己很没用，做什么都不成功"。

此外，虽然 K10 已经有比较适合中国人的常模，但评分等级仍然使用的是 2002 年澳大利亚的研究所制定的标准。制定一个适合中国人的评分等级标准也是 K10 在国内应用发展的一个方向。

K10 的应用在已涉及的医学领域也有进一步探索的空间。无论是涉及医务工作者及其家属，还是各类疾病的患者及其家属，目前已有研究的样本量都较少，超过 500 人的寥寥无几，这些不足可以在今后的研究中通过多方合作等方式予以完善。

第四节　网络成瘾相关量表

网络成瘾（Internet Addiction Disorder，IAD），是指在没有成瘾物质条件下，人的上网行为冲动失去控制，主要表现为由于过度使用互联网而影响日常生活。本节将讲解网络成瘾的定义、诊断形式、理论模型及相关测量工具，介绍网络成瘾行为新模型及其量表，总结当前量表的不足及未来发展方向，并就网络成瘾研究中相关问题进行探讨。

一、引言

21 世纪初期以来，互联网技术的迅猛发展有效地缩短了人际时间、空间距离，大幅度地促进了世界范围内的信息流动，给人们的生活方式等诸多方面都带来了日新月异的变化，已经成为现代生活不可或缺的一部分。互联网对全世界的社会、经济、文化等方面的发展都产生了渗透性影响，为人们的生活带来了极大的便利，并潜移默化地塑造着人们的思想观念与行为方式。

然而，过度使用网络也对人们心理和精神方面造成了消极影响。目前，"网络过度使用"已成为一个日益严重的社会问题，引起全球范围内的广泛关注。一项包含大量中国被试样本的元分析研究表明，青少年网络成瘾的检出率为13.62%（Fumero, et al., 2018）。根据中国互联网信息中心 2019 年公布的数据，18 岁以下的中国互联网用户中有 17.3% 报告了网络依赖（Xu, et al., 2020）。

（一）网络成瘾的定义

IAD 是指在没有成瘾物质条件下，人的上网行为冲动失去控制，主要表现为由于过度使用互联网而影响日常生活，在临床上也称作病理性网络使用（Pathological Internet Use，PIU）。对 IAD 的关注源于美国精神科医生 Ivan Goldberg（1996）在互联网社区论坛中的恶搞，他讽刺美国精神疾病诊断手册（DSM-IV）对酗酒、赌博等成瘾的"行为障碍"是缺乏生理基础而编造出的概念，故通过对照病态赌博的定义，制定了一系列诊断标准，包括"手指会自觉或不自觉地做出敲打键盘的动作"，声称自己发现了"网络使用成瘾"这种精神疾病。此举却成为 IAD 研究的开端。

自此，美国精神病学界做了大量关于"网瘾"的学术研究。美国心理学家Young（1996）最早对网络使用成瘾问题进行系统实证研究，将 IAD 定义为在无成瘾物质催化下或无涉及中毒的一种行为失控。IAD 不同于药物成瘾，是一种类似于赌博的强迫行为，是典型的心理疾病障碍。

我国台湾学者周倩、周荣和陈淑惠在 1997 年将 IAD 定义为由于重复地使用网络而导致的一种慢性或周期性着迷状态，同时会产生难以抗拒的再度使用欲望，对上网带来的满足感有心理和生理上的依赖。这一界定主要涉及过度使用网络、冲动控制障碍、使用快感、负面影响（如戒断症状）四方面。

部分学者认为 IAD 综合征是一种类似酒瘾的存在，会对人体健康造成影响，但是所造成的身体损伤是隐形的，因此 IAD 更是一种心理上的依赖。雷雳、杨洋（2007）提出了"Pathological Internet Use"这一概念，在他们看来，如果一个人对网络过度依赖，最终就会如同赌博那般沉迷其中。刘炳伦、郝伟和杨德森（2006）等提出"网络依赖"的概念，认为过度的网络依赖不仅会影响自身的身体健康，还会对个人的学业、家庭等造成一系列的问题。

陶然2006年开始对IAD问题进行探讨，其团队于2008年制定的《网络使用成瘾临床诊断标准》在2013年正式被美国精神病协会纳入《精神疾病诊断与统计手册（第五版）》第三部分，是中国第一个获得国际医学界认可的疾病诊断标准。陶然对IAD的定义是：个体反复过度使用网络所导致的一种精神行为障碍，其后果可导致性格内向、自卑和与家人对抗等精神心理问题和心境障碍，部分患者还会导致社交恐惧症。

目前，国内外临床医学界、社会科学界对IAD的概念以及关于网络成瘾概念的使用还存在分歧。总的来说，IAD是一个广泛的概念，它包含了大量的行为问题和冲动控制问题，可概括为以下5种基本类型（Young，et al.，1998）：

（1）网络色情成瘾（Cyber－sexual addiction）——难以控制对色情网站的访问，并浏览、下载色情画面，进入成人聊天室。

（2）网络人际关系成瘾（Cyber－relational addiction）——过分迷恋在线人际关系，网上朋友很快就会变得比现实中的朋友重要。

（3）网络游戏成瘾（Internet gaming）——迷恋于网络设计的各种游戏中，此外还包括强迫性地从事网上购物、赌博等。

（4）信息超载（Information overload）——强迫性地从网上收集无关紧要的或不迫切需要的信息，并堆积和传播这些信息。

（5）计算机成瘾（Computer addiction）——沉迷于电脑游戏，但是这些游戏并不是互动的或在线的。

随着研究的开展和临床治疗的需要，IAD的亚类——网络游戏成瘾（Internet Gaming Disorder，IGD）已被美国精神病学会纳入《精神疾病诊断手册（第五版）》（DSM－V）第三部分（American Psychiatric Association，2013）。

（二）网络成瘾的诊断形式

现阶段IAD的诊断主要根据量表测量及临床问诊，以量表测量占主导形式，也有学者主张以临床问诊的诊断形式作为IAD行为严重程度评估的另一种主要手段。Beard（2005）认为问诊内容应涉及三方面：①患者对于IAD的基本知识掌握情况；②IAD对患者生活造成的影响；③意图改变现阶段IAD

的动机水平。临床问诊在诊断 IAD 方面有着针对性强、信息源真、检出率高的优势，但由于目前全球 IAD 高发的程度，临床问诊同样面临着费时长、采样少、效率低的巨大挑战。此外，选择临床问诊的 IAD 患者大多数合并了其他中度至重度心理健康行为问题，单纯因为 IAD 而寻求临床帮助的人群数量较少，因此以临床问诊为主要诊断形式可能漏检一大部分没有其他心理健康行为问题或 IAD 处于较低水平的患者，在很大程度上导致患者心理行为调节、改善的滞后。

（三）网络成瘾的理论模型基础

1. Young 的 ACE 模型

Young（1996）经多年研究发现，网瘾患者自述的吸引他们上网的原因主要归结为 4 个方面，按照权重由高到低依次是：匿名性（86%）、易进入性（63%）、安全性（58%）和便捷性（37%）。基于这一分析结果，Young 系统地提出了 IAD 的 ACE 模型，其中 A、C、E 分别指匿名性（Anonymity）、便利性（Convenience）和逃避现实性（Escape）。其中，匿名性是指人们在网络中不用说出自己的真实身份，可以很好地伪装自己，或者把自己好的或不好的一面都展示出来，同时也不用担心自己受到伤害；便利性是指人们不用出门就可以通过键盘和网络来实现自己想做的事情；逃避现实性是指当人们在现实生活中遇到烦心事时，可以通过网络来寻求他人的安慰或是发泄自己的不良情绪，从而暂时获得心理上的安慰。

2. Grohol 的三阶段模型理论

Grohol（1999）认为 IAD 的形成是一种阶段性的过程：第一阶段为网络新玩家被网络吸引，或者网络老玩家被新软件或新的信息资源迷住；第二阶段为网络成瘾者开始逃避让自己网络成瘾的一切网络活动；第三阶段为网络成瘾的网络活动与其他活动之间达成一个平衡状态。Grohol 坚信所有网络成瘾者都会达到第三阶段，但是所花费的时间根据个人情况而定。网络成瘾者往往处在第一阶段而无法继续前进，所以这个阶段的网络成瘾者必须依靠他人的力量才能走出第一阶段、走进第二阶段。

3. Davis 的 PIU 模型

Davis（2001）指出，PIU 分为一般性的 PIU 和特殊的 PIU。其中，特殊的 PIU 指的是个体对互联网的病理性使用是为了某种特别的目的，如在线游戏行为；一般性的 PIU 指的是一种更普遍的网络使用行为，如网络聊天、沉迷于电子邮件或漫无目的地在网上打发时间的行为等。为此，Davis 提出"认知—行为模型"用于区分并解释这两种 PIU 行为的发生发展和维持，认为

PIU 的认知症状先于情感或行为症状出现并导致了后两者，强调了认知在 PIU 中的作用。

该模型认为非适应性认知（Maladaptive cognition）是网络成瘾发生的充分条件。非适应性认知是指个体对网络世界具有过度正性的观念和不恰当的期望，因而更偏好网络世界而非现实世界。该理论认为，非适应性认知是影响网络成瘾形成和维持的最关键和最稳定的近端因素，而个体脆弱（如抑郁、孤独）和环境压力（如负性生活事件）等素质压力是远端因素，远端因素通过近端因素的中介作用影响网络成瘾（Mai, et al., 2012）。

4. 刘树娟的生理—心理—社会模型

刘树娟等（2004）提出的社会—心理—生理模型指出，IAD 是受生理、心理和社会等多方面因素影响和制约的一种复杂的社会心理现象。

生理因素的变化可以改变人的唤醒水平，如长时间上网会使大脑中多巴胺的水平升高。上网过程中，由认知活动和操作活动诱发的生理变化影响着使用者的上网行为，但各种网络活动功能不同，需要参与的运动和认知也各不相同，因此生理因素对 IAD 的影响应是一种累计效应而不是即时效应。

心理因素主要包括个体的孤独感和自尊等，如孤独的人会被网络中一些具有交互作用的社会活动所吸引，这些活动可提供归属感、友谊和交流的机会。

社会因素方面，使用网络可能会导致个体产生社会性分离的消极影响，且人际关系冷漠可能是导致 IAD 出现的又一个原因。社会因素主要包括家庭环境、社会文化和社会生活事件等。家庭环境影响主要体现在父母对子女的态度和教养方式上，一些父母对子女行为过度干涉及否定、管教严格、惩罚严厉等，致使子女心理得不到满足从而转向网络世界（刘树娟等，2004）。网络成瘾者大多偏好使用网络资讯、社交软件和网游等偏重双向沟通的功能，依赖于网络提供的这些功能体验而沉浸其中。非网络成瘾者则大多数时间上网是出于工作或学习的需要，仅将网络视为一种工具。

5. 段利兴的 ICE 模型

段兴利等（2005）针对大学生提出 ICE 模型，认为 IAD 是 3 个主要因素交互影响的结果：①网络（Internet，I）的吸引力，如信息的丰富性、身份的匿名性、地位的平等性、行为的去抑制性；②大学生（College student，C），指自身身心特点的推动力，如大脑"快乐中枢"的激活、心理的特殊性、大学生自身的人格缺陷、需要的满足；③环境（Environment，E）的影响力。这三个因素相互联系、相互渗透、相互影响、共同作用，当一个环节出了问题，而另外几个环节没有给予支持或帮助，其"合力"作用便将大学生推向 IAD

的深渊而不能自拔。ICE 模型的这一思路走出了学界在解释大学生 IAD 时只注重从单一方面寻找或分析原因而忽略其他层面的误区。

（四）网络成瘾的测量工具

为了评估个体的 IAD 总体水平或判定其类型，需要开发相关的测评工具。目前国内外学者已经开发了许多 IAD 量表。最先形成的多为综合性 IAD 量表，即不针对具体成瘾类型，而是进行整体成瘾水平评估的量表。国外编制的量表包括学者 Young（1998）编制的网络成瘾诊断问卷（Internet Addiction Diagnostic Questionnaire，IADQ），这是世界上最早的 IAD 测量工具之一。国内编制的量表包括应用最广泛的陈淑惠等（2003）编制的中文网络使用成瘾量表（CIAS-R）、刘炳伦等（2006）编制的网络依赖诊断量表（DSFIAD）、昝玲玲等（2008）编制的中学生网络使用成瘾诊断量表（IADDS）、雷雳和杨洋（2007）编制的青少年病理性互联网使用量表（APIUS）等，见表 3-14。

表 3-14　部分网络成瘾量表汇总

量表名称	作者，年份	样本	统计学指标
CIAS-R	陈淑惠等，2003	$n_1 = 1336$ $n_2 = 1975$ 大学生	IC：总量表 α 系数为 0.93；各因素 α 系数分别为 0.79、0.81、0.78；IA-RP 分量表的 α 系数为 0.88，各因素 α 系数分别为 0.90、0.88。 R：重测间隔为 2 周。 HT：在网络使用经验上高危学生和普通学生无明显差异；高危学生得分有明显差异，得分较普通学生高
DSFIAD	刘炳伦等，2006	$n = 1803$	SV：2 个因子解释 70.12% 的总方差，第一特征值与第二特征值之比为 3.8，符合单维性假设。 CRI：当划界值 =44.5 时，敏感度 91%，假阳性率（1-特异度）4.1%；效度系数 $\kappa = 0.8544$
IADDS	昝玲玲等，2008	$n = 963$ 中学生	SV：3 个因子，解释 53.674% 的总方差，第一特征值与第二特征值之比为 6.2844，符合单维性假设；IRT 双参数二值计分模型。 HT：IADDS 与效标显著相关，效度系数 $\kappa = 0.857$。 CRI：最佳划界值 5，敏感度 91.5%，假阳性率 5.7%

量表名称	作者，年份	样本	统计学指标
APIUS	雷雳和杨洋，2007	$n=1331$ 中学生	IC：总量表的 α 系数分别为 0.948，各因素 α 系数为 0.857、0.831、0.911、0.828、0.903、0.948。 R：重测间隔为 4 周，总量表重测信度为 0.857，$n=105$。 HT：Young 的 8 项标准，CIAS-R 以及互联网使用强度工具的相关系数分别为 0.622、0.773、0.511。 CRI：APIUS 项目以平均得分 3.15 分为划界线，灵敏度为 100%，特异度为 95%，准确度为 96.1%。

注：SV 为结构效度；IC 为内部一致性；R 为信度；HT 为假设检验；CRI 为效标效度。

近年来，信息时代的智能手机革新使 IAD 行为从以计算机为媒介、电子游戏成瘾为主要表现的模式逐渐转移为智能手机问题性使用（Problematic Smartphone Use，PSU）这一新模式，主要表现为以智能手机为媒介的智能手机使用不当及社交网络使用成瘾。Beard 等（2005）认为，综合性 IAD 量表无法了解个体具体对何种网络服务成瘾，而 IAD 的评估往往与具体的网络使用有密切的关系，如果不考虑个体依赖的网络服务，那么评估可能是不准确的，因此特定性 IAD 量表应运而生。特定性 IAD 量表是指专门针对某一种或某几种类型的 IAD 进行评估的量表。这类测评工具为了解不同亚型成瘾者的心理特点、成因和发生机制的异同点提供了可能，有助于制定有针对性的干预策略。国外编制的量表包括 Salguero 等（2002）编制的问题性视频游戏使用量表（PVP）、Young（1998）提出的网络性成瘾测验（CAT）等。国内编制的量表包括黄思旅等（2006）编制的青少年网络游戏成瘾量表、钱铭怡等（2006）编制的大学生网络关系依赖倾向问卷（IRDI）等。

二、相关量表介绍

（一）青少年病理性互联网使用量表（APIUS）

近年来，随着互联网的迅猛发展，因过度沉浸于互联网而造成的网络使用成瘾现象尤其是青少年的成瘾受到了越来越多的关注。雷雳和杨洋（2007）参照国内外研究并结合我国青少年的实际情况编制出一份具有较高信度和效度，能够较为准确地反映 PIU 程度差别的青少年 PIU 量表，为青少年 PIU 的诊断、监控及其心理机制的进一步探究提供了有效的工具，即青少年病理性互联网使用量表（Adolescent Pathological Internet Use Scale，APIUS）。

APIUS 是一个自评量表，包括突显性、耐受性、强迫性上网或戒断症状、消极后果、心境改变、社交抚慰等 6 个维度，共 38 个项目。该量表采用五点计分法，被试根据自己与项目描述的符合程度进行自评，由"完全不符合""基本不符合""不确定""基本符合"到"完全符合"分别记 1~5 分。

该量表编制过程中涉及 2 个样本。样本 1 包括北京市初一至高二年级青少年学生 1733 人，男女人数相当。样本 2 是为检验量表的实证效度并合理确定量表的划界分，包含了 30 名北京军区总医院（现中国人民解放军总医院第七医学中心）PIU 治疗中心的青少年患者，另外还选取了 100 名正常青少年被试组成正常组。

对样本 1 数据进行探索性因子分析，KMO 为 0.94，Bartlett 球形检验 χ^2 值为 10418.55，$p<0.001$。采用主成分分析，经斜交旋转后发现特征值大于 1 的因子有 6 个，解释率为 63.50%。采用重测信度和 Cronbach's α 系数作为信度指标（见表 3-15），可以看到 APIUS 显示了良好的信度。

表 3-15 APIUS 的信度指标

信度	因素 1	因素 2	因素 3	因素 4	因素 5	因素 6	总量表
α 系数	0.86	0.83	0.91	0.83	0.90	0.81	0.98
重测信度	0.74**	0.78**	0.73**	0.63**	0.73**	0.62**	0.86**

注：** $p<0.01$。

来源：雷雳，杨洋，2007。

对该量表的内容效度结合已有的 3 个较有影响力的 PIU 量表进行分析，即 Young 编制的 IAT、Davis 编制的反映 PIU 的在线认知量表（OCS）和陈淑惠编制的 CIAS。结果表明，APIUS 全面地反映了 PIU 的维度构成，且更适合我国青少年使用，具有较好的内容效度。

选取 Young 的 8 项标准、CIAS 和互联网使用强度作为效标，计算出它们之间的相关系数来反映效度，结果表明其具有良好的聚合效度，同时其区分效度也在可接受范围内。

研究采用验证性因子分析对探索性因子分析中抽取的因子结构进行验证，模型的拟合指数：$df=650$，$\chi^2=788.96$，$\chi^2/df=1.21$，$NFI=0.86$，表明模型与数据拟合良好。

（二）中学生网络使用成瘾诊断量表（DSFIAD）

中学生是网络使用成瘾的重灾区，而中学生年龄段又具有独特的心理特点。刘炳伦等（2008）编制了 DSFIAD。DSFIAD 为自评量表，包括上网渴求与耐受、戒断反应和不良后果 3 个维度，共 13 个项目，采用二值计分：0 分为"不是"，1 分为"是"。

施测样本是来自山东济南的中学生，共 963 人，其中男性 479 人，女性 484 人，初中生 511 人，高中生 452 人，平均年龄为 15 岁。关于网络使用，样本平均上网历史为 5.74 年，平均每周上网 3.47 次，每次约 2.84 小时，上网内容以游戏（40.60%）和聊天（22.20%）为主。

采用双参数二值计分模型，进行 IRT 分析来确定项目。IRT 可准确估计被试水平，这一优良特性使测量工作者能准确估计测量误差，且可按目标要求编制测验。一般认为当测量误差≤0.20 时测验质量良好、信度较高，而该研究将测量误差控制在 0.19 水平，小于 0.20，符合 IRT 的信度要求。

将 DSFIAD 在山东部分中学生中施测，回收有效问卷 237 份，初中生 102 份，高中生 135 份，男生 143 份，女生 94 份，平均年龄 14 岁。采用主成分分析与正交旋转分析，特征根大于 1 的因子有 3 个，解释 53.67% 的总方差变异，其贡献率分别为 36.39%、9.52% 和 7.77%。因子 1 与各项目的相关系数介于 0.52 至 0.73 之间；因子 2 与各项目的相关系数介于 0.44 至 0.73 之间；因子 3 与各项目的相关系数介于 0.55 至 0.80 之间。

根据 DSM—Ⅳ 物质依赖分类与诊断标准，并参考 Goldberg 标准作为效标，对 112 例上网中学生进行临床诊断，同时进行量表自评。符合网络使用成瘾诊断者 59 例，不符合者 53 例。进行 ROC 分析，划界值由 1.50 递增至 11.50 时，敏感度由 1.00 递减至 0.85，假阳性率（1—特异度）由 0.53 递减至 0.00。当划界值为 4.50 时，敏感度 91.50%，假阳性率 7.50%；当划界值为 5.50 时，敏感度 84.70%，假阳性率 1.90%。因此，取划界值为 5，此处敏感度 91.50%，假阳性率 5.70%，效度系数 κ 为 0.86（$Z = 17.86$，$p < 0.001$）。

DSFIAD 的项目简明扼要、语言精练，符合中学生的心理及语言特点。各项指标检验表明其适用于中学生 PIU 的临床诊断，但有待深入研究和改善。

（三）Young 氏网络使用成瘾诊断问卷（IAD—DQ）

IAD 测量的准确性和有效性直接影响着其病因机制研究、诊断、预防和治疗，但目前国内外对 IAD 的概念尚没有统一公认的界定，不同的研究者所提出的诊断标准也各不一致。美国学者 Young 修改 DSM-Ⅳ 中的病理性赌博诊断标准，制订了 8 个题项的自评 Young 氏网络使用成瘾诊断问卷（Young's 8-item Diagnostic Questionnaire of Internet Addiction，IAD-DQ），具有简单实用和便于操作的优点。该量表国内由崔丽娟、潘琼等翻译后，即在国内作为 IAD 筛查或诊断量表而广泛使用。

一项研究对自评 IAD-DQ 进行了检验，采用病例样本为 2008 年 3 月至 2010 年 5 月因 IAD 相关问题就诊于武汉市精神卫生中心的门诊和住院青少年患者；先由被试完成自评 IAD-DQ，之后由两位精神科副主任医师同时对家长和被试进行他评 IAD-DQ 访谈。

如表 3-16 所示，自评 IAD-DQ 的全样本总分平均分为 1.57 ± 2.08，呈正偏态分布；自评 IAD-DQ 的 8 个项目得分亦呈偏态分布，项目与总分相关系数介于 0.50 至 0.69 之间。该量表的 Cronbach's α 和 Guttman 分半信度系数分别为 0.82 和 0.74。

表 3-16 自评 IAD-DQ 的项目得分、项目-总分相关系数

项目	$\bar{x}\pm s$	项目-总分相关系数
1	0.16±0.37	0.589**
2	0.23±0.42	0.686**
3	0.21±0.41	0.655**
4	0.34±0.48	0.680**
5	0.16+±0.36	0.531**
6	0.18±0.38	0.575**
7	0.13±0.34	0.5495**
8	0.16±0.36	0.570**

注：** $p<0.01$。

来源：李毅，钟宝亮，刘学兵，张尧，朱军红，郝伟，2012。

KMO 为 0.87，Bartlett 球形检验 χ^2 为 1243.49（$p<0.001$），显示本数据适于因子分析。利用探索性因子分析对自评 IAD-DQ 的 8 个项目提取公因子，结果仅提取到 1 个特征为 3.57，即根大于 1 的因子，能解释总变异的 44.60%，显示自评 IAD-DQ 的结构效度具有单维性。而如表 3-17 所示，对于自评 IAD-DQ 的诊断灵敏度和特异度检验显示，成瘾青少年和一般青少年样本的自评 IAD-DQ 的平均得分分别为 2.72±2.36 和 1.01±1.66。T 检验

显示，网络成瘾青少年的 IAD-DQ 评分显著高于一般青少年（$p < 0.001$）。

表 3-17 自评 IAD-DQ 的诊断灵敏度和特异度

自评 IAD-DQ	他评 IAD-DQ		Kappa 系数 （95%CI）	灵敏度 （95%CI）	特异度 （95%CI）
	一般青少年 （$n=200$）	成瘾青少年 （$n=125$）			
≥5 分	12	31	0.21 (0.12, 0.31)	0.25 (0.18, 0.33)	0.94 (0.90, 0.97)
<5 分	188	94			

来源：李毅，钟宝亮，刘学兵，张尧，朱军红，郝伟，2012。

Young 的自评 IAD-DQ 虽已是目前国内 IAD 研究领域应用最广的网络使用成瘾诊断工具，但其信度和效度指标尚不明确，争议颇多。有学者认为，该量表并非采用严格的心理测量学理论指导编制，是一个经验性的量表，而使用一个心理测量学品质尚未经严格验证的诊断量表进行相关研究，将可能导致研究结果变异较大甚至互相矛盾。此外，该量表还存在缺少病程标准和严重程度标准的不足。同时，该量表特异度高而诊断一致性和灵敏度极低，说明其对 IAD 的诊断不够敏感、鉴别能力有限，可能并不适于作为 IAD 诊断工具使用。

三、新模式及其特定量表

手机网络成瘾是个体借助网络反复使用手机的一项或多项功能导致的一种精神行为异常，表现为对再度的使用产生强烈的欲望，减少或停止使用时出现戒断反应，同时伴有精神及躯体症状，并且会对个体的主要社会功能和生活产生不利的影响。然而，手机网络成瘾尚未归入 DSM-5 的网络使用成瘾诊断标准中，因此在目前 PSU 的流行病学研究中，所使用的测量工具主要为涉及成瘾媒介和成瘾内容两方面的量表评估。于玥琳（2020）对现阶段使用较广的手机网络成瘾测量量表进行综述，内容如下：

（1）智能手机问题性使用量表（Mobile Phone Problem Use Scale，MPPUS）由 Bianchi 等（2005）编制，共 27 个项目，采用十点计分，分值从 1 分（完全错误）至 10 分（完全正确）。内容基于成瘾及社交性网络使用展开，涵盖戒断症状、耐受性、逃避思维模式、沉迷程度、负性生活事件等。Cronbach's α 系数为 0.93。该问卷的定位是问题性手机使用，包括在驾驶过程中发短信、在电影院或听报告时频繁使用和因过度使用而导致相当多的债务等，而不只是限于手机成瘾。

（2）智能手机成瘾量表（Smartphone Addiction Scale，SAS）由 Kwon 等

（2013）编制，共 48 个项目，采用六点计分。量表包含 7 个子量表，分别涉及日常生活干扰、实际测验干扰、积极期待状态、戒断症状、以网络沟通为主的人际交往状态、过度使用、耐受性。该量表的 Cronbach's α 系数为 0.97。

（3）智能手机成瘾条目（Smartphone Addiction Inventory，SPAI）是由 Lin 等（2020）编制的中文智能手机网络使用成瘾量表，基于 CIAS 改编，共 26 个项目，采用四点计分，分值从 1 分（完全不同意）至 4 分（完全同意）。

（4）Bergen 社交网络平台成瘾量表（The Bergen Facebook Addiction Scale，BFAS）由 Andreassen（2012）等编制，共 18 个项目，采用六点计分。该量表测量社交网络（Facebook）成瘾程度，内容包括显著性、情绪改变、宽容度、戒断反应、冲突、复发。该量表的 Cronbach's α 系数为 0.83，主要适用于 Facebook 使用地区。

同 IAD 成瘾经典模式相比，新模式 IAD 行为缺乏明确诊断标准，大多数现有量表是经标准化网络使用成瘾量表关键词修改后而使用，其信度和效度还有待进一步检验。

四、不足与展望

（一）不足

1. 存在统计方法失误

部分量表的编制存在一定的统计方法失误，如混淆了因子分析中探索性因子分析和验证性因子分析的区别，二者混用的情况较多。同时，量表信度和效度的参数估计也不够完善，信度或效度指标单一，如缺少重测信度、效标效度和结构效度等。量表的信度和效度问题未引起很多学者的重视，国内外研究者们已提出过许多 IAD 诊断标准及筛查工具，但并未提及病程方面，许多量表缺乏信度和效度检验。

2. 样本对象选择范围小

大部分量表所选择的样本群体较为集中和单一，多为学生群体，缺少对于不同年龄段和不同职业背景的样本的挑选，对其他成瘾人群的现状研究很少，这可能是由于青少年网络成瘾的比例要远远高于其他人群，因此更加受到社会和学术界的重视。

3. 成瘾判定标准差异较大，忽略国内外文化差异

有些研究在没有考虑文化差异的情况下简单地套用西方的测评量表，然而互联网在中国的快速发展是近几年的事情，国内的网络普及和使用状况与国外存在差异，用同一标准来判断失之偏颇。

4. 难以收集研究对象成瘾前的心理健康水平

现有的调查比较难解释是网络活动引起使用者出现焦虑、抑郁等心理健康问题，还是使用者因本身存在人格缺陷更容易产生网络成瘾，从而偏离健康的轨道。因此，也无法得出网络与心理健康之间的因果关系的结论，用成瘾的诊断标准并不能突出 IAD 的独特心理结构。

（二）展望

1. 本土化研究需注重生态效度

从 IAD 的研究方法和主题看，已有的研究手段多数为问卷量化研究。未来研究应加强 IAD 量表的本土化，同时将观察、访谈和个案研究等质性研究技术应用于量表的编制，更加注重生态效度。应紧密联系青少年心理与认知发展实际，根据跨文化研究寻找符合我国青少年 IAD 诊断的新指标。如果要克服自陈式量表的局限，就必须编制临床诊断的他评量表，如父母评估、同伴评估与医生评估等。此外，随着 IRT 和概化理论的不断发展，研究者在严格使用经典测量理论开发测评工具的同时，应尝试运用最新的理论指导研究。

2. 从健康上网角度关注网瘾者心理特质

绝大部分 IAD 量表项目是从单一的消极角度出发。目前积极心理学思潮在国际及国内产生了重大影响，对理解心理健康给予了新的取向。国内已有学者做了相关的实证研究，例如黄希庭提出了健康人格取向的大学生心理健康结构，以此来对疾病模式的心理健康结构做有效的补充。因此，有关 IAD 量表的结构及其指标，未来研究应考虑从健康上网角度来反映网瘾者的心理特质，更有利于对网络使用成瘾者进行有效的干预，对现实心理咨询与治疗也具有重要的实践价值。

3. 鼓励学科间交叉融合

已有量表的编制工作缺少具有临床经验的心理学工作者的参与，对此应鼓励医生、教育学工作者与心理学工作者合作开展研究工作，增强学科间的交叉融合。

4. 丰富研究对象的多样性

不同类型的网络成瘾者是不同质的群体，在特征和影响机制上也是不同的，因而有必要区分其不同类型，开发不同成瘾类型的测评工具，以提高量表的覆盖面。目前 IAD 量表主要集中在网络游戏方面，未来研究可根据中国网民网络使用的实际情况进一步开发其他类型的量表，推动网络成瘾的研究朝着更加精细化的方向发展。

五、讨论

（一）网瘾是不是一种精神疾病

WHO 有规定，凡是精神疾病必须具备两个特点：第一，给自己和他人带来痛苦；第二，社会功能受损。IAD 患者都具备这两条。此外，WHO 有明确的规定，凡是有意志、情感、行为这些问题临床表现的人，都应归于精神疾病。IAD 患者都有行为和心理问题，在行为方面表现为日常上网渴求，在心理方面表现为情感、认知的有偏差，因此可以认定 IAD 属于精神类疾病。研究表明：患者过度上网会让大脑"废用性萎缩"；部分网瘾患者会有伴发症，如抑郁、焦虑、强迫、社交恐惧；存在共病的情况，如先有多动症、品行障碍的情况，随后患有 IAD。针对这些情况，最好由精神科医生进行专业的治疗，否则可能无法彻底解决问题。

根据脑内奖励环路模型，IAD 作为一种与特定文化载体密切相关的成瘾方式，可能与毒品等物质成瘾一样，也具有一定的神经生物学基础，即与脑内的"奖赏系统"（由前额叶、基底神经节、腹侧被盖区、伏隔核、杏仁核、海马体、背侧和腹侧纹状体等构成）有关。长时间上网会使大脑纹状体中的多巴胺水平升高，这种化学物质令个体呈现短时间的高度兴奋，沉溺于互联网的虚拟世界不能自拔，但之后的颓废和沮丧感却较此前更为严重。时间一长，这些影响就会带来一系列复杂的生理和生物化学变化。

但针对网络成瘾者这些大脑异常，基本上只能得出功能性异常的结论。第一，虽然发现了在静息状态下的大脑许多部位灰质和白质结构的异常，但这样的研究数量显然还很少，且没有研究证实这种异常确由 IAD 导致，也还不能进一步推测这种异常是暂时的还是持久的。第二，多数的改变都是在网络线索或者直接的网络行为的诱发下发现的，这显然与功能连接得很紧密；而对物质类成瘾的研究发现，物质成瘾者大脑的结构和功能的损害是慢性的、永久性的和难以逆转的（Jones & Bond，2005；Robinson& Kolb，2004）。因此，根据现有的结论，要把 IAD 归于精神障碍疾病类型还需要确定其脑损害是否持久和不可逆。

（二）"网生代"的网络需要

现今社会，网络似乎已经成为时代刚需，人们对网络的需求涵盖生活方方面面，如上网课、查阅相关学习资料、线上讨论、订餐购物等，因此不可避免地要接触到网络。"90 后""00 后""10 后"几乎是伴随网络时代成长起来的一代人，他们对网络更为熟悉，就好似网络世界的"原住民"，也被称为"网生代"。而新冠病毒感染疫情期间，包括上网课、健康码等在内的网络使用，越发让网络成为人们生活中不可或缺的工具，长时间上网已经不能简单等同于网瘾。在此背景下，IAD诊断标准的更新尤为重要，IAD量表的研究更需要不断扩大样本、修订完善，与时俱进。

第四章　社会心理

第一节　社会支持量表

本节将详细地介绍社会支持的内涵、分类、发展历史以及理论模型；对社会支持各种测量工具的优缺点进行概括，对广泛使用的社会支持量表就项目、因子特征、信度和效度进行具体介绍，同时选取最具代表性的量表，对其编制、施测和应用进行重点梳理；在国际、国内基础应用和实践研究等方面进行相应的拓展，并对如何改编得到所需量表进行指导。

一、引言

我们生活在群体社会中，来自社会关系的他人（家人、朋友和老师等）所提供的支持会影响到我们的生理、心理和社会各个方面。我们在日常生活中时常发现：有些人拥有幸福的家庭和亲密的朋友，同时又能很好把握和使用这些社会关系，从而给自己提供需要的支持；有的人虽然拥有充裕的物质支持，却仍然感到无助与痛苦，他们往往感知到的社会支持较低；有些人常年奔波在外，很少接触家人，因此来源于朋友的支持对其格外重要。人们相同或不同的支持结构反映着社会支持的深刻内涵，因此对于社会支持的测量对了解个体的生存环境，从而有效探索或预测可能情境下的个体变化有着重要的实践和应用价值，同时对促进我国心理学、教育学和社会学等学科的发展及对特殊人群困境的干预都有着重要的意义。

（一）社会支持的概念

社会支持的概念最早源自社会学家 Durkheim 的《自杀论》，他认为社会支持对于自杀预防很重要。在韦氏字典中，社会支持被定义为提升帮助行为的一种过程，作为支撑身心平衡的一种力量能够促进个体更好地生存、维护个体的身心健康。心理学界对社会支持的讨论源自 20 世纪 70 年代。Caplan（1974）认为，社会支持系统是连续不断的社会聚合，借由与他人、社会网络、团体或组织的持续互动，有助于个体面对压力和困难，帮助个体调整自身的适应能力。Thoits（1982）认为，社会支持是指个体通过与他人交往使自己基本社会需要满足的程度，这些需要可能通过社会情感帮助或是通过实质性的援助来满足。Cohen 和 Wills（1985）把社会支持定义为提供个体所需的支持，这种支持内容包括信息、物质、金钱、情感和友谊等。House（1985）认为，社会支持是人与人之间的交流活动，从交流中彼此可以获得情感方面的慰藉、物质资源上的互助和知识信息的交换。Sarason 等（1990）认为，社会支持是一种被关心、接纳、爱护的感受以及所得到的帮助，是客观存在或个体能感知到的，并能与他人进行交流。

我国研究者们对于社会支持的概念也提出了独特的理解。肖水源（1994）认为，社会支持是个体在应激事件中可获取并且可利用的外部资源，其一方面可以给应激状态下的个体提供保护，另一方面还可以帮助个体维持良好的情绪体验。李强（1998）认为，社会支持是个人通过社会联系所获得的减轻心理压力、舒缓精神紧张、提高社会适应能力的积极影响。叶胜泉、李皓和陈林（2003）认为，社会支持就是在社会活动中个体获得来自他人或团体的物质、情感、信息等方面的支持。施建锋、马剑虹（2003）认为，社会支持是指当个体有情感上或物质上的需求时，他人能够提供支持，并且这些支持能够满足个体的需求。程虹娟等（2004）认为，社会支持是指来自社会各方面，包括父母、亲人、朋友等给予个体的精神或物质上的帮助与支持的系统。

综上所述，目前关于社会支持尚无统一的概念。总结国内外学者关于社会支持的各种定义，可以归纳出其主要内涵，即个体经过与身边重要人员的互动，得到物质、情绪和信息等不同形式的资源和帮助，内心产生被他人关心、尊重以及被爱的感觉，结果产生了消极事件对个体产生的负面影响减小、个体能力增强、身心健康水平提高的一种积极环境。

（二）社会支持的来源

社会支持存在不同的来源，这种来源差异实质上体现了我们对社会支持的关注重点和出发点的不同。Cassel 认为，社会支持来自个体初级团体，包括家人、亲戚、朋友、邻居以及同事等。Thoits 认为，社会支持由为个体提供情感性和工具性支持的对象构成。Heller 和 Swindle 认为，社会支持的来源有 3 种，分别是社会资源（学校、教堂或社团）、个别的社会网络（同学、朋友或同事）、重要他人（父母、兄弟姐妹等）。Felner 将社会支持分为正式的支持来源（校长、老师等）、非正式的支持来源（同学、朋友等）和家庭支持（家庭成员等）。Cohen 和 Wills 将社会支持分为家庭支持、朋友支持和学校支持 3 类。Winemiller 等整理了从 1980 年到 1987 年的 262 篇文献，将社会支持的来源分为家人、朋友、配偶、服务提供者、团体成员、同事、邻居和其他 8 类。综上所述，大多数研究者认为社会支持主要来自生活周遭的重要社会关系个体。

（三）社会支持的分类

不同的研究者对于社会支持的分类也存在不同的看法。

House（1981）将社会支持分为以下 4 种：①工具性支持，指为个体提供行动、物质或其他直接的帮助；②情绪性支持，指对个体给予爱、关怀、同情；③信息性支持，指在个体面对困难时，给予建议和忠告的信息；④评价性支持，指他人对个体的行为给予评价性的信息。Bennett 和 Morris（1983）将社会支持分为初级支持系统和次级支持系统。其中，次级支持系统是指借由组织本身的特性与目标来提升个体福利，来源为医疗机构、社会福利机构、社会团体、宗教机构的专业人员、半专业人员、辅导人员等；而初级支持系统是由家人、朋友、熟人通过接纳、服务和情绪支持等方式帮助个体维持生活的功能，属于个别化需求的一种形式。Gottlieb 认为社会支持包括 4 种，分别是提供物质解决困难的实质支持、给予肯定和鼓励的情感支持、提供信息的认知支持、提供友谊的陪伴支持。Wills（1985）将社会支持分为尊重支持、地位支持、信息支持、工具支持、社会陪伴与动机支持 6 类。其中，地位支持是指提供使个体觉得有能力去维持人际关系而得到满足的支持；社会陪伴是指陪伴个体从事休闲娱乐来缓解压力；动机支持指的是鼓励个体面对情绪问题、增强信心。Cohen 和 Wills 认为社会支持包括 4 类，分别是：自尊的支持，指的是个体在人际交往中感到被尊重、被接受；信息的支持，指的是个体获得他人的意见或建议来解决问题；社会陪伴的支持，指的是与个体共度休闲时光，以满足亲密关系的需求；工具的支持，指的是个体获得经济或物质上的帮助。Winemiller 等（1993）认为社会支持可以分为社交的或陪伴的、工具性的、信息的、尊重的和总体的 5 类支持。

在我国，程虹娟、张春和龚永辉（2004）的研究倾向于将社会支持划分为情感支持（如向身处困境的人们给予情感安慰）、物质支持（物资、金钱服务和其他形式的亲社会性行为）、信息支持（有助于解决问题的建议或指导）及陪伴支持（有满足自尊需要的支持，有利于提高个体自我价值感的言语或行为）4 种。李超（2005）认为根据个体对社会支持需求的时机不同，可以把社会支持分为两类：一类是在极端情境中（如有自杀意念的个体在实施自杀行为前）向他人寻求社会支持；另一类是指在个体日常生活中的压力情境中向他人寻求精神上或物质上的支持。全宏艳（2008）认为对社会支持的理解大致可以归结为两大类：其一是客观、现实的可见的支持，即实际社会支持，包括物质上的援助和直接服务；其二是主观的、体验到的或情绪上的支持，即领悟社会支持，是个体感到在社会中被尊重、被支持、被理解的情绪体验和满意程度。黄宝园（2010）认为社会支持包括尊严的支持、信息的支持、社会情谊、工具的支持、评价支持、实质帮助等6项。然而这样看来有关层面似乎太多，在测量方面可能会造成题项过多，不利于作答，因此有些学者仅仅认同了在情感支持和信息支持等两层面来测量社会支持，此外提出使用实质支持来测量社会支持（王龄竟，陈毓文，2010；张桂贞，2012）。

　　总体而言，广义的分类可以将社会支持的类型划分为情绪支持、信息支持和实质支持3类。其中，情绪支持以心理层面为主，帮助缓解个体压力，使其适应生活，如提供爱、安慰、关怀、同情、了解、被接受、归属感、安全感、信赖、尊重、鼓励、关心、倾听等帮助；信息支持是指给面对困难情景时的个体提供各种建议以及对其行为给予适当的反馈，如沟通意见、提供忠告、建议、指示、问题解决、分享知识信息、计划安排等；实质支持是指直接为他人提供有形或无形的帮助，促使问题解决或环境改善，如提供金钱、食物、衣服、交通工具、就业机会等。由于社会支持存在众多的界定和较为繁多的分类方式，因而有关社会支持的测量工具数不胜数，但不管依据何种标准，相关测量工具基本上通过多轴评价为主的自陈量表形式得以实现。

　　（四）社会支持的测量模型

　　1. 网络模型（Network model）

　　网络模型主要集中于个体在团体内的社会网络，以及团体内部的个体相互之间的联系。这一模式在社会支持的测量上，更侧重那些与个体有直接社会性连接，或透过特定或重要的联系而提供支持的人。这一网络模式强调社会联结和社会网络的重要性，在社会支持的测量上注重个体的社会联结情况，如个体参与社区活动/与朋友的接触情况。这种测量模型一般用于了解个体所获得的社会支持来源和强度，可以测量社会网络的结构、关系、大小、强度、密度、持续性、频率以及可获得的程度等内容。总的来说，网络模型可以测量社会关系的相互性，但在个体情况与社会支持的关系测量上比不上其他的社会支持测量方式。

2. 社会支持的接受模型（Received support model）

社会支持的接受模型主要测量个体能收到哪些社会支持。以这一概念为基础设计的量表有 Barrear，Sandier 和 Ramsey 在 1981 年编制的社会支持行为量表（ISSB），包括直接建议、非直接的支持、正向社会互动和具体协助等因素；Cohen 等在 1985 年编制的人际社会支持量表（ISEL），包括实质的支持、评价的支持、自尊的支持和隶属的支持 4 个维度，分别代表 4 种不同的社会支持内容和作用。然而，这种测量模式存在一个问题：接受的社会支持不仅来自个体本身得到的支持，还可能取决于他人认知到个体困难而主动提供支持，或者个体主动求助而获得支持。因此，如果采用这种测量方式，需要考虑很多额外变量。

3. 社会支持的知觉模型（Perceived support model）

社会支持的知觉模型考虑到个体的知觉这一因素，个体认为自己接受的社会支持，并不一定等于他人提供的社会支持。这种测量模型主要强调个体主观知觉到的支持，在测量社会支持上就将知觉到的和社会支持的适当性作为测量指标。与之前的两种测量模型相比，社会支持的知觉模型与个体心理健康的相关性最高。Samson 等（1983）编制的社会支持问卷（SSQ）即测量个体知觉到的社会支持，包括测量个体知觉到的社会支持数量以及个体对其获得的社会支持的满意程度两部分。总的来说，社会支持的知觉模式主要测量个体知觉到获得何种社会支持，以及这些社会支持是否符合个体的需求。

二、社会支持的测量工具

从近年来英文期刊刊载的社会支持相关研究来看，Zimet 等（1988）编制的领悟社会支持量表（PSSS）是较为常见的一种测量工具，该量表强调个体亲身理解和感知到的社会支持，能分别测定个体领悟到的来自各种社会支持源的支持程度，并以总分反映出个体感受到的社会支持总程度。该量表包含家庭、朋友以及重要他人分量表，并为个人和整体领域提供测量，共计 12 题，总得分可反应个体获得的社会支持的总程度。每个项目都以七点计分，范围从 1（非常不同意）到 7（非常同意）。总分的计算是对所有项目的结果进行加总，而单个分量表分数可以通过加总该维度中每个项目的回答得分来得到，每个分量表的得分介于 4 至 28 之间，所有项目的得分介于 12 至 84 之间，分数越高代表感知到的社会支持越高。

我国学者姜乾金翻译和修订了这一量表，但该量表中个别题目所指模糊，而且个别题目将家庭、朋友、领导分开，实际上可以整合。量表共 12 个项目，包含来自家庭的社会支持、来自朋友的社会支持、来自（家人、朋友以外的）重要他人的社会支持 3 个维度。量表采用七点计分，无反向计分项，1 表示很不同意，7 表示非常同意，总分越高表示个体获得的社会支持越多。

近年来，我国使用较多的是肖水源（1986）编制的社会支持评定量表（SSRS），是在借鉴国外量表的基础上根据我国实际情况设计编制的，能对社会支持进行相对全面的评定，分为主观支持、客观支持、社会支持利用度 3 个维度。叶悦妹等（2008）参考肖水源提出的社会支持三因子模型，根据我国的文化背景，将肖水源的社会支持评定量表由 14 个项目调整为 17 个条目，得分越高表示拥有越多的社会支持。

另外，还有其他社会支持量表，只是较少在国内使用。例如社会支持问卷（SSQ）由 Sarason 等于 1983 年编制，其从两个维度上评估总体社会支持，即感知到可以向他人寻求支持的可能性和对感知到可能的支持的满意度。该量表会产生两个总分，数量或可得性分数表示在多种情况下个体认为可能的潜在的支持源的平均数量，满意度分数表示个体对支持的总体满意程度。

人际支持评估清单（ISEL）由 Cohen 等（1985）编制，主要是为了衡量个体在面对压力事件时知觉其可得的社会资源与支持。该原始量表包含 40 个题项和 4 个分量表，分别测量情绪性或评价性的支持、工具性或实质性支持、陪伴性或归属性支持以及自尊感的维持。陈彰惠（1994）提出包含 16 题项的 ISEL 简式版本，其两周后重测信度为 0.77，Cronbach's α 系数为 0.81，信度较好。

社会关系网络问卷（SNQ）由侯志瑾（1997）翻译并修订 Furman 等（1985）编制的问卷而来。该问卷包括 8 个维度，其中情感支持、工具支持、亲密感、价值增进、陪伴娱乐支持 5 个维度用来考察重要他人（包括父亲、母亲、老师、异性朋友、同性朋友）所提供的社会支持，对关系的满意度、惩罚和冲突 3 个维度则用来全面了解个体与重要他人的关系。问卷共 24 个项目，采用五点计分。

社会支持行为量表（ISSB）由 Barrera 等（1981）编制。该量表让个体报告其接受 40 种指定的支持性行为的频率（"从不"记作 1 分，"每天一次"记作 5 分），测量个体获得的不同方式的社会支持，分辨其社会支持程度的高低。该量表已经被证明是用于测量不同方式社会支持的有效研究工具，在很多相关研究中都呈现出了较好的信度和效度。中国台湾学者陆洛将其翻译成中文版。张羽、邢占军采用 ISSB 中文版以 581 名城市居民为研究对象，考察了其在中国大陆使用的适用度，结果表明 ISSB 中文版在中国大陆城市居民中具有良好的信度和效度。

三、社会支持量表的信度和效度

(一) PSSS 的信度和效度

1. 信度

许多研究都表明，PSSS 具有较高的内部一致性和重测信度，其中重测信度的时间间隔一般为两周到两个月，且没有表现出明显的时间越长稳定性越低的趋势，其稳定性差别主要体现在被试人群类别上，综合来看来其重测信度介于 0.43 至 0.77 之间。针对这一现状，可认为社会支持代表着一种环境，即使是领悟社会支持这种看似和个人内心关联巨大的部分，现实中也不完全由个人所决定。对不同人群使用该量表（部分对题目进行了调整）进行研究的结果都发现其较好内部一致性系数，量表的 Cronbach's α 系数介于 0.86 至 0.96 之间，分量表的 Cronbach's α 系数介于 0.63 至 0.90 之间（Akhtar, et al., 2010；Ayfer, et al., 2021；Eker, Arkar & Yaldiz, 2000；Yang, Wang, Gao, Wang, 2021）。

2. 效度

内容效度：PSSS 主要采用本领域经验专家讨论的方法编制，拥有较好的内容效度。

结构效度：多维 PSSS 结构效度已经在不同的亚群体如孕妇、青少年、老年人、医生培训者和精神病患者在精神病患者和非精神病患者人群中都得到了验证。Zimet 等（1988）提出的一阶三因素模型，有三个领悟社会支持的因素，包括家庭、朋友和重要他人。对中国香港地区 2105 名高中生的研究也发现一阶三因素模型的适用性（Cheng, Afred, Chan, 2004）。Stanley 和 Beck（1998）、Chou（2000）提出的一阶双因素模型有两个领悟社会支持的个体因素，包括朋友和家庭及重要他人的组合。Clara 等提出的高阶三因素模型有 3 个领悟社会支持的个体因素被嵌套在一个单一的高阶因素即全部社会支持中。由于目前对于社会支持的定义仍不够统一，多种模型都在使用，但这些模型都能通过因子分析方法得到证明，说明本类量表具有一定的结构效度。

(二) SSRS 的信度和效度

1. 信度

SSRS 是肖水源于 1986 年设计的，共包含 10 个项目，包括客观支持、主观支持和对社会支持的利用度 3 个维度。为了检测该量表设计是否合理有效，各学者对其进行了有关信度和效度的实证研究。肖水源（1987）选取了 128 名大二学生使用 SSRS 进行施测。结果表明，SSRS 总分为 34.56±3.73，两个月后的重测信度为 0.92，证明 SSRS 具有较好的重测信度。

和 PSSS 一样，重测信度的时间间隔跨度随着研究对象和目的不同，结果稳定性的差异仍然体现在被试归属的人群类别上。例如，入伍军人两年后的重测结果也是非常稳定的，而一些研究发现针对青少年社会支持的测量在两周后重测信度就不高了。综合来看，该量表重测信度介于 0.41 至 0.92 之间（白婧，孙思伟，刘宝花，李英华，2015；李琰琰，2017；肖汉仕，何艳芝，2016；赵玲慧，2019）。

有研究者针对研究人群进行了特定题目的优化，例如刘广珠（1998）根据大学生的实际情况将第 4 题中的"同事"改为"同学"，第 5 题中的"夫妻"改为"恋人"并删去"儿女"一栏，第 6、7 题中的"配偶"改为"恋人"。对不同群体的测验都表现出较好的内部一致性系数，介于 0.69 至 0.94 之间。总的来说，这些针对研究人群调整后的 SSRS 也具有较好的信度（李琰琰，2017；刘微，武亚琼，2016；唐开宏，张理义，2013；叶悦妹，戴晓阳，2008；赵玲慧，2019）。

2. 效度

SSRS 编制和改编大都采用本领域专家讨论的方法进行编制，拥有较好的内容效度。刘继文、李富业、连玉龙（2008）以整群随机抽样的方法对乌鲁木齐市 268 名脑力劳动者进行调查，随后计算项目总分并据此排序，确定将量表总分高于 47 作为高分组、小于 35 作为低分组，采用独立样本 T 检验，结果表明两组在 10 个项目得分的差异具有统计学意义（$p < 0.001$）。研究者对样本数据进行探索性因子分析，发现 KMO 值为 0.79，Bartlett 球形检验 χ^2 值为586.66，以特征根大于 1 作为因子抽取原则，发现特征根大于 1 的因子有3 个，累计可以解释总体变异的 55.84%。随后使用最大方差正交旋转法，得到量表中各项指标的因子载荷。表 4-1 列出了各项指标在相应维度上大于 0.4 的负荷值，可见每项指标在其中一个维度上都有较高负荷值，高于结构效度检验的最低标准 0.4，证明 SSRS 具有良好的结构效度。

表 4-1　最大方差正交旋转后各项目的因子载荷

项目	客观支持	主观支持	支持利用度
1	—	0.47	—
2	0.45		
3	—	0.83	—

项目	客观支持	主观支持	支持利用度
4	—	0.74	—
5	—	0.67	—
6	0.87	—	—
7	0.87	—	—
8	—	—	0.70
9	—	—	0.78
10	—	—	0.42

　　数据显示，分量表和总量表的相关系数介于 0.72 至 0.84 之间，表明量表内容效度较高。分量表之间的相关系数介于 0.46 至 0.66 之间（见表 4-2），低于与总量表之间的相关系数，表明量表的结构效度较高。

表 4-2　总量表与分量表之间的相关系数

	总量表	客观支持	主观支持
客观支持	0.80**	—	
主观支持	0.84**	0.66**	—
支持利用度	0.72**	0.50**	0.46**

注：** $p < 0.01$。

　　综上所述，SSRS 具有良好的信度和效度，适合作为国内社会支持研究的评定工具。但当前研究者们直接使用该量表较多，在以后研究中可根据被试群体的特殊性进行一定的调整，以获得更稳定的效应结果。

四、社会支持量表的研究与应用

（一）国际社会支持相关研究与应用

　　在国际范围内，社会支持是一个被广泛研究的话题，相关研究涉及广泛的视角和方法，或选择某些人群进行更具体的分析，或更详细地研究量表不同维度的影响。社会支持对压力性生活事件和疾病有缓冲作用，对治疗结果也有很大影响，尤其是领悟社会支持。大量研究也证实了社会支持对诸多消极心理特征，如抑郁和焦虑等的缓冲作用，降低性虐待等创伤事件的影响。

　　当人们意识到有人愿意支持他们的时候，个体往往会更好地适应环境，产生一种被关怀的感觉（Poots，Cassidy，2020）。因此，社会支持除了缓解负面的影响，还会带来一些正面的体验，例如其对于促进个体的健康、提高生活满意度具有重要作用，甚至还可以提高新冠病毒感染疫情期间的睡眠质量（Grey，et al.，2020）。领悟社会支持也有助于个体感知自我的重要性、自尊和归属感，从而有利于其发展出积极的自我概念和较高的心理弹性。此外还有研究发现感知社会支持水平较高的大学生在心理健康方面得分较高，解决问题的策略相对更多，面对问题时能够积极寻求帮助。

良好的社会支持还使得个体拥有良好的学术表现（Ogbeide，Ugwu，2016）和持久性（Credé，2012），社会支持会影响大学生对学术活动成功的期望和他们的价值。那些感知到更重要社会支持的人有更强的支持网络和人际关系。根据Hall（2018）的研究，高社会支持还会减少对非常规个人行为的排斥。

（二）国内社会支持相关研究与应用

目前国内社会支持研究应用范围多为社会科学领域，主要集中于心理学、教育学、社会学等学科。总体而言，国内对于社会支持研究的大致领域和国外相似。

社会支持有利于促进青少年个体心理弹性的发展，社会支持越高，其心理弹性越好（孙仕秀等，2013）。针对留守儿童和流动儿童，社会支持与心理弹性呈正相关，且社会支持对心理弹性有一定预测作用（李志凯，2009）。对农村大学生的研究表明，农村大学生来自家人、同伴、社会的主观和客观支持与心理弹性呈正相关（韩黎，李茂发，2014）。针对老年人进行研究，结果也显示其社会支持与心理弹性呈正相关（李佳，郑安云，2018；庞芳芳等，2019）。李永占（2016）对348名河南省城乡幼儿教师进行调查，得到社会支持和工作投入均是影响幼儿教师心理健康的重要因素；工作投入在社会支持与心理健康之间起部分中介作用的结果。张子旬等（2020）抽取湖北省在册管理的231名精神分裂症患者，发现社会支持会影响其心理健康与生活质量。伍豪（2017）对中学体育教师的研究发现，高社会支持水平的个体能感受到更高的主观幸福感。

社会支持有助于降低个体的焦虑水平。有关社会支持和退缩行为的研究，发现社会支持和社交回避呈负相关（徐杰等，2016）。留守初中生社会支持与退缩等问题行为呈负相关（傅王倩，张磊，王达，2016）。有实证研究显示，身心障碍人士家长所感受到的社会支持与其心理压力呈负相关（冼嘉华，2014）。代勇真等（2020）通过检索国内主流数据库对平时情况的中国人社会支持与心理健康关系进行元分析，总结出主观支持与支持利用度对心理健康状态有促进作用。

李妍君等（2014）对大学生的研究发现，社会支持既能直接影响大学生的主观幸福感和心理幸福感，又能通过自尊间接对其产生影响。姚若松等（2018）的研究表明，社会支持不仅能够直接影响老年人的幸福感，还可以通过希望和孤独感对老年人的幸福感产生作用。一些实证研究也证实了社会支持缓冲器模型的合理性，如陈新华等（2000）在对特大暴雨灾区群众的研究中发现，重灾区居民的心理应激障碍和心脑血管病的发生率反而更低。高永莉等（2020）对四川省男护士的研究结果表明，男护士在疫情期间的社会支持水平越高，其心理困扰越少。学者们就社会支持的发生机制也开展了大量研究。孙仕秀等（2013）研究发现，主观支持不但可以直接影响青少年的情绪和行为，还可以通过心理弹性间接对其产生影响。冯秋阳等（2019）在对城市流动儿童的考察中，发现领悟社会支持可以通过提高个体的心理韧性来促进其获得更好的社会适应。

五、改编方法与未来发展

（一）编制可供自己使用的特定量表

首先可以借鉴符合研究主题的社会支持的定义与分类，进行开放式访谈，根据调查结果对社会支持进行操作性定义。然后构建出特定的社会支持模型（如探索大学生社会支持框架），假设按照社会支持的内容进行模型假设，就需要将社会支持分为信息支持、情感支持和实际支持3个方面。对研究中的社会支持的操作性定义、开放式结果可参考较为成熟的问卷。在对题目进行编制的时候要注意遵循以下原则：强调行为特征来最小化个体需求和主观推断的影响；避免只适用于特定群体的措辞；避免明显提及心理状态的内容。

在此之后需要由心理学专业人员对维度和项目的设计进行反复修改，主要评价维度的构想是否合理、项目的内容是否符合本研究的操作性定义、语句是否适合等。之后可以选取适用样本中的大学生进行测试（人数在十人到几十人均可），并对题目的内容、表达进行评价和再次修改，以确保题目表达没有错误和歧义，再进行初测。

（二）社会支持量表的发展

PSSS 和 SSRS 等量表的编制主要基于一般人群，在一些特殊群体的评定方面缺乏针对性，直接使用该量表可能造成研究结果的偏差。同时，部分项目涉及的社会条件和情况，可能并不适用于一些施测群体，如有关邻居、同事和配偶的询问会使学生受试者无所适从。一些研究者在其基础上进行了适度的修订和调整，形成具有特殊性和针对性的新的量表，从而提升对部分人群研究的效果。日后的发展方向也要注意社会支持量表的特殊化进程。鉴于心理测验效度的情境性，我们也必须提出这样一个问题——社会支持测验的效度有没有跨情境、跨群体的概化可能性？未来仍可以创新的视角，探索社会支持的核心结构和稳定变化方式。

伴随社会现实的变迁和学界研究的发展，已有的量表未必能将各类社会支持的重要影响因素包容在内，而其本身所涵盖因素的现实意义也可能存在着不同程度的变化。例如，在单位制弱化、流动人口增加的当今，特别是对年轻群体而言，邻里关系和同事关系所能提供的社会支持不再具有如 20 世纪八九十年代的普遍性和重要性。此外，肖水源曾认为，在当时我国受试者文化素质水平较低、不习惯问卷调查方式的背景下，不适宜使用繁多的项目，因此量表编制应遵循简捷有效原则。在时代背景变化的情况下，可适量地对其加以扩充，以增强评定的有效性。

第二节　社会适应能力量表

社会适应是个体在自我和群体中进行调节与适应，实现相互协调，达到平衡的心理过程。作为评价个体心理健康状况的重要指标，社会适应与个体的生存发展紧密相关。本节将选取两类具有代表性的社会适应量表进行重点介绍，对量表的编制、信度及效度、施测过程和实践应用进行梳理，并对现有社会适应能力量表提出未来的研究展望。

一、社会适应能力

（一）社会适应能力的内涵

适应一词最早出现在生物学领域。达尔文提出生物进化就是优胜劣汰、适者生存，这种生物不断同环境相适应的过程，即为适应。有学者将自然界的生物适应定律运用在社会领域中，得出社会适应的规则。赫伯特·斯宾塞认为社会适应即是人们之间进行调节与适应，实现相互协调的心理过程（陈会昌，1995）。

心理学领域使用适应这一概念通常涉及 3 个角度：一是生理上的适应，如身体感官对声、光、味等刺激物的适应；二是心理上的适应，通常是指遭受挫折后借助心理防御机制来减轻压力、恢复平衡的自我调节过程；三是对社会环境的适应，即个体为了生存而使自己的行为符合社会要求的适应，以及努力改变环境以使自己能够获得更好发展的适应，也被称为社会适应。

心理适应与社会适应的关系十分密切。心理适应是社会适应的心理基础，离开以同化、顺应以及其他一系列复杂的心理活动为基础的内化过程，个体社会化的实现是不可能的；如果脱离对社会环境的良好适应，心理适应也就失去了实际的意义（贾晓波，2001）。

许多学者从以下两个角度定义社会适应。

1. 特征角度

Doll（1953）认为，社会适应能力是指个体保持独立性和承担社会责任的机能。皮亚杰从认知和智力方面对适应进行了系统的探讨，提出"儿童心智（智力、思维）来自主体的行为，这种行为的实质为主体对客体的适应，并且这种适应为心智发展的真实原因"。他还提出"个体所有的心理反应，不论行为还是思维，均是为了适应。适应实质为获得个体和环境的平衡，这种平衡的形式包含同化与顺应。假如个体和环境的平衡遭到破坏，就要求转变个体行为以重新构建平衡。这种不断的平衡、不平衡、平衡的历程，即为适应的历程，也是适应发展的实质与原因"。

朱智贤（1989）指出，个体的社会适应能力是一种过程，包括接受现有社会生活方式、道德准则、行为规范。张春兴（1992）指出，社会适应是个体对各种社会生活方式和社会行为的学习或调整，目的是达到社会要求的标准和规范，更好地与社会环境形成一种和谐的关系。

2. 构成维度

陈建文（2010）认为，社会适应主要是人际适应，适应过程可以分为比较环节、心理发动环节、内容操作环节和适应评价环节；社会适应的结构包括心理优势感、心理能量、人际适应和心理弹性 4 个维度。陈会昌（1994）指出，儿童社会适应可以分为对新社会环境的适应能力、对陌生人的适应能力、对同伴交往的适应能力 3 个维度。从这个 3 个维度可以看出，社会适应能力由社会维度、人际维度两个要素构成。

Aldarella 和 Merren 则将儿童社会适应技能归纳为 5 个维度：①处理同伴关系的能力（比如向同伴问好、提供支持、邀请同伴共同玩耍等）；②自我控制能力（比如控制脾气、遵从命令、产生分歧时能妥协）；③学业能力（比如自主完成作业、遵从教师的命令、作业符合老师要求）；④服从能力（比如服从命令、遵从规矩、合理利用空闲时间）；⑤表达思想的能力（比如想和对方谈话、对同伴的问候进行感谢、想与同伴共同玩耍等）。

综上所述，不同的学者大体都认为社会适应属于个体在本我和群体中进行调节与适应，实现相互协调，达到平衡的心理过程，只是角度和维度有所区别。研究者可以根据研究群体和方向的需要选择合适的概念进行操作化定义。

（二）社会适应的相关理论

1. 人格特质理论

人格特质理论认为，人格由一系列心理特质构成，这些特质形成了一个人的内在行为机制，个体的社会适应性行为就是特质与环境的交互作用。个人内在系统和思维倾向构成了个体特质，由此形成了一定的认知风格，个体会以自己独特的方式解读情境，但面对不同的情境也会产生相同的反应。

2. Roy 的适应模式

Roy 提出的"Roy 适应模型"将适应分为两类：有效反应和无效反应。人的适应水平有一个范围，当作用于机体的各种内外环境刺激的强度在个体的适应能力范围内时，个体能够做出正常的适应性反应，即有效反应；当刺激过强，超过个体的适应水平，个体只能做出无效反应，表现为自卑、自责、自我形象紊乱、无能为力感等。Roy 认为个体作为一个完整的适应系统，能够通过适应环境变化以保持整体性。

3. Lazarus 压力应对理论

Lazarus 提出的"压力应对理论"认为人与环境相互作用过程产生压力：当个体面临的内部环境、外部环境中的刺激超过了个体的应对资源时，压力由此而生。Lazarus 同时强调了压力源对个体是否产生影响取决于认知评价和应对方式，而认知评价分为初级评价、次级评价和重新评价，应对方式包括回避、找寻帮助、防御、焦虑、升华等。

（三）社会适应的发展背景

1. 适应行为的概念起源与智力障碍的鉴别标准密切相关

19 世纪后期，人们对智力障碍的描述开始强调适应日常生活所需能力的缺陷或无能。智力标准化测验量表的出现使得智力测验成为诊断智力障碍的唯一标准，然而在智力障碍儿童鉴别与安置的实践中，人们对以智商分数来判别智力障碍越来越表示出不满。

2. 适应行为测验与智力测验存在区别

第一，适应行为测验的目的是获得被试惯常行为的指标，而智力测验则被设计为对最优表现的估计；第二，适应行为测验选择的是一系列日常生活范围的内容，而智力测验则集中在高级的思维推理能力上；第三，智力测验在严格控制的条件下施测，而适应行为的资料获得甚至可通过与第三者的访谈。

（四）社会适应的评价标准

要明确社会适应能力的测量方式，就要明确社会适应的评价标准。黄希庭（2006）、江光荣（1996）等认为社会适应状态的本质在于和谐和平衡，包括个体与社会环境之间的外在平衡关系和个体内在的心理和谐关系。因此，可以从分析社会适应的心理机能状态出发，进而分析其评价标准。

首先是个体社会适应心理机能的特质内容维度。陈建文（2010）认为，心理机能的适应状况分为内在体验和外在表现两个方面，内在体验表现为主观幸福感、自我价值感、个人控制感等，外在表现则主要体现在适应环境、解决适应性问题的效率、成就以及对压力的应对上。如果个体在做事效率、成就和突发事件处理上表现优秀，主观体验也好，就说明其心理机能得到了良好甚至完善的发挥。

其次是社会适应心理机能的活动领域维度，即个体适应环境的心理机能主要表现在哪些活动领域。不同个体或群体的活动领域有所不同，但由于生活空间一样、活动目标类似、角色雷同、年龄层次接近，有些个体或群体的活动领域也是一致的，例如大学生就是由年龄、角色、任务相似的个体组成的具有共同活动领域的典型群体。大学生的社会适应领域大致包括学习、人际关系、身心发展、社会角色和家庭活动等几个领域，考察大学生个体的社会适应状况就要在这几个活动领域里进行具体的评价。

由此，纵向维度的心理特质成分与横向维度的活动领域交叉结合，构成了社会适应的评价指标体系，进而指导不同群体社会适应能力量表的编制。

二、社会适应的测量工具

社会适应的测量方法主要有访谈法、问卷调查法、实验法等，其中问卷法是主要测量方法，所用工具主要为自陈量表，采用自我报告的方式获取所需数据。常见的社会适应量表有大学生适应性量表、疾病心理社会适应量表等。

（一）大学生适应性量表

大学生群体的适应性一直是研究者较为关注的问题。从评价大学生适应性的角度来看，国外研究者已经发展出较为成熟的评价工具和量表，国内研究者也进行了大量的修订和编制工作。已有量表中，较为常用的是国外学者编制的大学生适应性量表（College Adjustment Scales，CAS，1991）、大学新生适应性量表（Student Adaptation to College Questionnaire，SACQ，1989）。中国学者对相应问卷进行了本土化或自主编制问卷，主要成果有大学生适应性量表中国修订版（C-CAS，2006）、大学新生适应性量表中文版（C-SACQ，2012）和自主编制的大学生适应问卷（College Student Adaptability lnventorg，CSAI，2003）等。

1. 大学生适应性量表及其中国修订版

1) CAS

Reed 和 Anton 于 1991 年编制了 CAS，这是一份专业人士使用的、为大学生提供咨询服务的量表，多年来仍常用于大学生适应性施测。该量表采用四点评分（完全不正确、有点正确、基本正确和完全正确），可对抑郁、人际关系冲突、低自尊、学业困难和职业选择困难等方面进行测量。经过专家讨论和精简之后，CAS 由 108 个项目构成，共 9 个维度：焦虑、抑郁、自杀倾向、物质滥用、自尊问题、人际关系、家庭问题、学业问题和职业问题，每个维度下有 12 个项目。

原始研究检验了量表的内部一致性信度，9 个维度的内部一致性系数介于 0.80 至 0.92 之间，表明该量表具有良好的信度。团队进一步对量表的聚合效度和区分效度进行检验，结果表明该量表具有良好的效度。

2) C-CAS

我国学者朱韶蓁（2006）对原大学生适应性量表进行了本土化修订，得到了 C-CAS，同时编制了参考性常模资料，开发出了相应的"大学生适应性量表"软件。研究对 C-CAS 进行了信度检验。量表总分的 Cronbach's α 系数为 0.96，各因子的 Cronbach's α 系数介于 0.71 至 0.86 之间，说明 C-CAS 和 9 个维度的内部一致性程度较高，具有良好的信度（见表 4-3）。

表 4-3　C-CAS 的信度检验结果

因子	Cronbach's α 系数
学业问题	0.79
焦虑	0.86
人际关系	0.80
抑郁	0.80
职业问题	0.77
自杀倾向	0.83
物质滥用	0.71

因子	Cronbach's α 系数
自尊问题	0.82
家庭问题	0.71
总量表	0.96

研究采用因子分析的方法，考察因子的结构合理性，从而检验 C-CAS 的结构效度。首先检验调查结果进行因子分析的适合性，研究的 KMO 值为 0.86，表明适合进行因子分析；Bartlett's 球形检验 χ^2 值为 13918.78，显著水平 $p<0.001$，表明总体的相关矩阵间有共同因子存在，也说明适合作因子分析。因子分析采用主成分分析方法提取公共因子。经最大方差旋转后，提取到9个主因子，共解释项目总方差的 51.49%（见表 4-4），说明该量表效度较好。

表 4-4　C-CAS 的 Bartlett's 球形检验结果

因子	特征值	贡献率（%）
1	26.59	24.62
2	6.17	5.71
3	4.29	3.98
4	4.03	3.73
5	3.60	3.33
6	3.00	2.78
7	2.87	2.66
8	2.53	2.35
9	2.52	2.33

根据以上初步检验，将英文初稿翻译的最初版本根据专家意见并结合中文语境予以修改，比如初稿为"最近我的性兴趣降低了"，结合国内大学生校园生活的实际情况，将此项目改为"最近，我觉得异性对我来说不太有吸引力了"；又如初稿为"我觉得自己很性感"，考虑到文化的差异，将此项目改为"我觉得自己很有魅力"等。此外还添加了民族、专业和家庭居住地 3 项，个人信息以及将原表大写英文字母选项用阿拉伯数字代替。

经过实际施测与检验，发现 C-CAS 具有良好的信度和效度，能够作为测量大学生适应性的有效工具。量表所测得的大学生适应水平总体呈现正向趋势，表明大学生自身的生理和心理资源能够满足大学阶段对大学生的基本要求。各个因子所表现出来的适应问题的高低水平由高到低依次为自尊问题、职业问题、学业问题、焦虑、人际关系、抑郁、家庭问题、物质滥用、自杀倾向。

由于全国范围内的取样有偏、时间及调查条件的限制，该量表没有严格按照等概率程序来进行广泛取样，样本中大四学生所占比例相对较小，缺少东北和华中地区的学校，代表性受到一定影响。从测量理论上来讲，要认为一个适应性测量工具所得的结果能够反映受测对象的实际适应情况，需肯定这个测量工具的得分与受测对象所属人群的实际适应程度是有关联的，该研究未进行效标效度的检验，评分和实际情况关联的真实性还需要进一步考察。

2. 大学新生适应性量表及其中文修订版

1）SACQ

SACQ 最初产生于 1980 年，由 Baker 和 Siryk 编制；Baker 等于 1985 年修订了这一工具，形成大学新生适应性量表扩展版，这个版本属于商业化版本；后来 Baker 和 Siryk 于 1999 年进一步完善该量表。SACQ 由 4 个维度（65 个项目）和另外两个附加的"应对大学生活和未来挑战"项目（第 53 和 67 项）组成，其中 4 个维度分别为学习适应性（24 项）、社会适应性（20 项）、个人情绪适应性（15 项）和对大学的依附性（6 项），采用李克特九点量表计分方式（从"完全适合我"到"完全不适合我"）。

研究对 SACQ 进行了信度和效度检验，发现量表 4 个维度的 Cronbach's α 系数介于 0.77 至 0.91 之间，表明该量表具有良好的信度。SACQ 与独立的现实生活行为和结果的效标之间存在相关，其中学习适应性和年级平均成绩（GPA）之间呈正相关（$0.17 \sim 0.53$，$ps < 0.01$），个人情绪适应性分量表得分和大学生第一年入学做过心理咨询经历这一效标之间呈负相关（$-0.23 \sim 0.34$，$ps < 0.01$）。

2）C-SACQ

中西方教育文化背景有一定差异，因此有必要将 SACQ 修订成适合我国大学新生使用的适应性量表。欧阳娟（2012）将 SACQ 修订成适合我国大学新生适应性的量表：首先将量表直译为中文版，并对其进行语义修订，再回译成英文版本并修改，同时保持原量表维度不变；将其原量表的九点计分方式改为五点计分，1 分表示很不符合，5 分表示非常符合；修改了部分项目以达到准确表达，例如第 5 题由"确定要读大学"改为"我明白我为什么要读大学"；修改了部分项目以保证语言流畅性，例如第 4 题由"遇见某人并与其成为朋友"改为"我在大学里遇见一些人并与他们成为朋友"；同时结合中国文化对部分项目进行了修改，例如第 3 题"与最新学习进展保持联系"改为"在学习方面，我跟得上"。最终形成了包含 36 个项目的 C-SACQ。用 C-SACQ 测试了 1075 名大一新生，采用项目分析和探索性因子分析，检验了该量表的信度和效度。

信度检验：各分量表及全量表的内部一致性系数如表 4-5 所示。从表中可知，各分量表的 Cronbach's α 系数介于 0.71 至 0.80 之间，总量表的 Cronbach's α 系数为 0.88，表明该量表内部具有很高的同质性，量表的信度较好。

表 4-5　信度检验结果（$n=538$）

分量表名称	项目数量	Cronbach's α 系数
人际适应性	7	0.73
总体评价	8	0.80
个人情绪适应性	8	0.74
学习适应性	5	0.71
对大学的认可度	8	0.75
总量表	36	0.88

效度检验：使用各因子之间的相关系数、各因子与量表总分间的相关系数来估计量表的结构效度，见表 4-6。结果显示各因子之间的相关系数在 0.21 至 0.53 之间，各因子与总量表之间的相关系数在 0.63 至 0.77 之间，且相关系数均显著（$p<0.01$），说明该量表的结构效度较好。

表 4-6　各因素之间及与总量表之间的相关

分量表名称	2	3	4	5	总量表
人际适应性	0.21**	0.42**	0.23**	0.41**	0.63**
总体评价		0.25**	0.46**	0.53**	0.73**
个人情绪适应性			0.27**	0.31**	0.67**
学习适应性				0.37**	0.63**
对大学的认可度					0.77**

注：** $p<0.01$。

C-SACQ 的 $\chi^2/df=3.15$，说明模型拟合较好。此外，NFI=0.96，RFI=0.96，IFI=0.98，TLI=0.97，CFI=0.98，量表的各项相对拟合指数都超过 0.90；RMSEA=0.01，小于 0.05，说明大学新生适应性的理论结构较为合理（见表 4-7）。

表 4-7 验证性因子分析结果

χ^2	df	χ^2/df	NFI	RFI	IFI	TLI	CFI	RMSEA
1841.11	584	3.15	0.96	0.96	0.98	0.97	0.98	0.01

该研究结果表明，C-SACQ 具有良好的信度和效度，可以为测量大学新生适应性提供有效工具。根据探索性因子分析的结果，大学新生适应性可以分为 5 个维度：人际适应性、总体评价、个人情绪适应性、学习适应性、对大学的认可度。验证性因子分析结果表明，大学新生适应性的模型拟合较好。

3. CSAI

卢谢峰（2003）基于我国大学生的实际情况自主编制了 CSAI。正式问卷共计 66 个项目，包括 60 个测验项目和 6 个重复项目，其中学习适应性 8 项、人际适应性 11 项、角色适应性 9 项、职业选择适应性 9 项、生活自理适应性 6 项、环境的总体认同 7 项以及身心症状表现 10 项。选项采用五点计分："1"表示很不符合，"2"表示不太符合，"3"表示不能确定，"4"表示有点符合，"5"表示非常符合。

预试样本由 3 所高校的 326 名大学生组成，采用的因子分析首先根据一定的理论构想限定问卷和项目的范围，因此样本容量可以压缩一些，调查比较方便。该问卷 KMO 值为 0.92；Bartlett's 球形检验的 χ^2 值为 4512.89，显著水平为 $p < 0.001$，可以进行因子分析。因子分析过程中先利用主成分分析法抽取共同因子，并保留研究者内定的 7 个因子，再以斜交旋转法进行因子旋转，然后根据因子分析的结果对项目进行筛选补充，最后得到正式问卷的条目。

用 CSAI 对 8 所高校的 1043 名大学生进行施测，利用因子分析、回归分析、聚类分析和判别分析等统计方法对研究数据进行分析。

信度检验：通过对同质性信度（Cronbach's α 系数和分半信度系数）的考察，了解大学生适应问卷的信度。对全体样本使用 Cronbach's 公式检验内部一致性信度。此外，将各分量表项目按单双号分成两组，计算它们的积差相关系数，然后用斯皮尔曼—布朗公式进行校正，获得分半信度系数。各分量表及全量表的内部一致性系数和分半信度系数见表 4-8。

表 4-8 CSAI 的信度检验结果

分量表名称	项目数量	Cronbach's α 系数
学习适应性	8	0.75
人际适应性	11	0.78

分量表名称	项目数量	Cronbach's α 系数
角色适应性	9	0.72
职业准备	9	0.72
生活自理	6	0.58
总体评价	7	0.62
身心症状表现	10	0.72
全量表	60	0.90

据表4—8可知，分量表Cronbach's α系数介于0.58至0.78之间，全量表Cronbach's α系数为0.90；分量表分半信度介于0.54至0.77之间，而全量表分半信度为0.88。以上信度分析结果表明，量表内部有较高的同质性，每个分量表的项目在结构上具有一致性，因而是相当可靠的。另外，对重复项目回答的一致性，可作为被试作答认真程度及重测信度的指标。该量表有6个重复项目，每个项目回答一致得1分，被试得分为4.83，表明测验的稳定性较好。

效度检验：本研究的维度设计来自严密的理论构思和实践调查，项目的内容取自开放式问卷调查所获得的素材，基本上反映了大学生的实际情况。项目编好后，经由30位心理学研究生对量表的结构和内容进行评估。正式问卷是在吸取了项目评价的修改意见的基础上得到的。因此，从本量表编制的过程来看，基本上能保证测验的内容效度。同时，适应性作为个体与环境之间的互动程度，必然会给个体的身心状况带来不同程度的影响。以适应性的外部效标与量表本身进行相关和回归分析，得到效标效度较好的结论。

4. 其他大学生社会适应问卷简介

其他国内学者编制的大学生适应问卷各有特点。方晓义、沃建中和蔺秀云（2005）编制的中国大学生适应量表共7个维度：人际关系适应、学习适应、校园生活适应、择业适应、情绪适应、自我适应和满意度，共60个项目采用五点计分，总得分越高表明适应状况越好。该量表的优点是覆盖全面且代表性强（全国性分层大量抽样），具有文化适应性。

傅茂笋和寇增强（2004）认为，大学生适应维度的构成包括学习和生活控制性、学校和专业满意度、集体生活适应性、自我意识、学习和考试负担适应性和人际交往适应性，共56个项目。

5. 小结

总的来说，国外的大学生适应量表中，CAS 和 SACQ 作为经典量表，得到过多次实践验证，其信度和效度较好；国内的大学生适应量表的发展主要走两条路，即对国外经典量表的修订以及自主编制本土化量表，二者各有利弊，应该根据具体情况选择合适的量表进行测验和分析。同时，SACQ 主要针对大学新生的适应性问题进行量表编制，CAS 则更强调整个大学生涯中的适应情况，实际应用也应具体问题具体分析，选择合适量表施测。

（二）疾病心理社会适应量表

1. 疾病心理社会适应量表修订（PAIS－SR）

2013 年，姚静静将美国 Derogatis 教授编制的疾病心理社会适应量表（Self－report Psycho－social Adjustment to Illness Scale，PAIS－SR）进行中文版修订，删除 2 项（最后确定 44 个项目）并重新划分为 7 个维度，包括工作能力、卫生保健、家庭关系、性能力、交流情况、娱乐情况及心理状况，评分范围介于 0 至 3 分之间，总分介于 0 至 132 分之间，分数越高表明心理社会适应问题越多，病人的心理社会适应水平越低。

修订过程遵循了概念等价、语义等价、标量等价、技术等价四项原则。整个过程包括以下步骤：首先联系原作者获取量表，由两位有一定英文基础的医学博士翻译量表，再抽取另外两位有一定英文基础的医学博士将中文翻译版本回译为英文，由翻译组和课题组进行讨论修改。邀请癌症患者和肿瘤医护工作者召开座谈会，对中文版量表进行文化调试，在修改后形成正式版。确定被试的纳入标准和排除标准，收集数据和资料后采用 SPSS 进行数据处理。

在修订过程中，通过对 PAIS－SR 中文版进行项目分析提高测量的信度和效度。首先通过相关分析法，采用 Pearson 积差相关公式，测出除了第二个项目外，其他各项目得分与总分的相关系数介于 0.19 至 0.83 之间，表示项目有较好区分度；同时使用极端组法，选取总分分数最高的前 27% 为高分组，最低的前 27% 作为低分组，求出高低两组在同一题项上的平均差异显著性，结果显示除了第二个项目，其他所有项目高低两组 T 检验差异均达到显著性水平（$p < 0.001$）；且 95% 置信区间均不包括 0，表明量表具有较好的区分度。

在探索性因子分析中，经主成分分析和斜交旋转，提取特征值大于 1 的 11 个公因子，累计方差贡献率达 58.71%。根据因子分析的项目删除标准（因子载荷 < 0.30；共同度小于 0.20；多重性因子载荷的题项删除，或者经专业判断保留），有 44 个项目符合纳入标准，包含 10 个维度。最后通过验证性因子分析，保留了 7 个公因子，分别为卫生保健、工作能力、家庭关系、性生活

状况、交流情况、娱乐情况和心理状况。

PAIS-SR 中文版的 Cronbach's α 系数为 0.87，Guttman 分半系数为 0.75，分量表 Cronbach's α 系数介于 0.61 至 0.84 之间，Guttman 分半系数介于 0.55 至 0.85 之间，表示量表具有较好的内部一致性信度。此量表适用于中国的社会文化背景，在后续的研究中已得到广泛使用。

2. 乳腺癌病人心理社会适应问卷

在 PAIS-SR 基础上，程然和王爱平（2010）编制了乳腺癌病人心理社会适应问卷，通过文献回顾、半结构式访谈和专家咨询，确定了我国乳腺癌病人心理社会适应问卷的项目内容，包括 44 个项目，分为 5 个维度：焦虑抑郁、自尊和自我接纳、态度、自我控制和自我效能感、归属感。采用五点计分，即"完全错误""大部分错误""无法确定""大部分正确""完全正确"。部分项目采取反向计分。相加后总分越高说明心理社会适应状况越好。此问卷 Cronbach's α 系数为 0.90，内容效度指数 CVI 大于 0.75，信度和效度较好。

以该问卷对 228 例乳腺癌患者施测后，采用项目分析，确定问卷的结构和内容，后续主要采用区分度分析、相关分析及因子分析的方法对项目进行联合筛选。研究者采取极端组的成绩差值来估计区分度，并计算各项目与总问卷的相关系数，根据区分度和相关分析结果并结合项目重要性考虑，删除了 15 个项目。对删除后的项目进行因子分析，将因子载荷 <0.40 的 4 个项目删除，最后剩余 44 个项目。

1）效度分析

表面效度和内容效度：对问卷项目进行筛选和修订，项目能准确表达所要求的内容。表面效度检验通过对 10 名乳腺癌患者的半结构式访谈完成。全部项目的内容效度指数均大于 0.75，内容效度较好。

结构效度：各维度之间及各维度与总问卷的相关分析结果显示，各维度之间及各维度与总问卷之间的相关系数介于 0.65 至 0.94 之间（$p<0.01$），说明具有良好的相关性；因子分析部分，问卷的 KMO 值为 0.90；Bartlett's 球形检验 χ^2 为 6183.90，显著水平 $p<0.001$，说明适合做因子分析。

采用主成分分析法，以特征值 >1.5 为标准提取出 5 个因子，累计方差贡献率 54.58%，经方差最大正交旋转后得到 44 个项目的因子负荷值，根据负荷值对 5 个主成分进行归因，绝大多数项目在相应因子上的负荷达到 0.40 以上，各因子按照解释方差的百分率从高到低依次为焦虑/抑郁（因子 1，18 个项目）、自尊和自我接纳（因子 2，10 个项目）、态度（因子 3，8 个项目）、归属感（因子 4，9 个项目）、自我控制和自我效能感（因子 5，9 个项目）。

2）信度分析

内部一致性信度：总问卷的 Cronbach's α 系数为 0.95，5 个维度的 Cronbach's α 系数介于 0.74 至 0.82 之间，表明内部一致性信度较好。

重测信度：为了检验乳腺癌患者心理社会适应问卷的稳定性，于首次调查 2 周后再次调查其中 30 名乳腺癌患者，计算两次调查结果之间的 Pearson 相关系数，结果显示总问卷的重测相关系数为 0.96，各维度的重测相关系数介于 0.86 至 0.96 之间（$p<0.01$），均大于 0.80，表明重测信度良好。

该问卷开发之后广泛用于我国乳腺癌患者心理社会适应的测量。例如江丽玲于 2020 年在同伴支持对乳腺癌患者心理社会适应的干预效果研究中，采用了该量表对比被试在受到同伴支持干预前后心理社会适应程度，发现干预有显著的积极效果。该研究证明该量表具有良好的测量效果。

（三）青少年社会适应量表

1. 青少年心理适应性量表

国内学者陈会昌等（1995）编制了青少年心理适应性量表（Adolescence Psychological Adaptability Scale，APAS），该量表是在青少年适应性调查表基础上发展而来的。它将青少年心理适应性分为 3 个维度：生理适应、心理适应、对考试和体育比赛等易造成焦虑状态的情境的心理适应，分别有 6 个、6 个、8 个项目。量表采用五点计分，从与被试的情况"很符合"到"很不符合"，计 1~5 分，得分越高表示心理适应性越好。该量表经在 833 名中小学生和 1168 名大学生中的测试，结果表明其具有较好的信度和效度。该量表适合在 9~21 岁的儿童和青少年中使用，稳定性较强，项目较少，简便易行，是我国早期自主编制和投入实践应用的针对青少年的重要量表。

三、社会适应量表的相关应用

针对不同群体的社会适应量表众多，国内外学者多采用适合的量表对特定群体的社会适应能力进行施测，并对与其他变量之间的关系进行分析，验证其假设。

（一）儿童、留学生群体的社会适应量表应用

Marta 和 Carina（2016）研究了三代家庭中祖父母的参与与孙辈社会适应之间的关系，发现祖父母的参与对孩子的社交技能产生了积极影响，并减少了孩子的内外化问题，但这种影响只适用于那些倾向于社交退缩的孩子。祖父母的参与可能有助于缓解父母感受到的压力，因此会间接影响孩子的社交成果。

陈羿君等（2018）探讨了单亲家庭中父母性别角色类型、父母养育子女的性别角色态度、子女性别角色特质及家庭社会经济地位对社会适应的影响，结果发现：单亲家庭社会经济地位、父母养育子女的性别角色态度、单亲子女的性别特质与社会适应呈正相关；父母性别角色类型与家庭社会经济地位、父母养育子女的性别角色态度和子女性别角色特质与社会适应呈负相关，父母养育子女的性别角色态度与家庭社会经济地位和子女性别角色特质呈正相关；家庭社会经济地位和父母性别角色类型是单亲家庭父母养育子女性别角色态度的重要预测因素；父母养育子女的性别角色态度显著预测子女的性别角色特质，后者则显著预测子女的社会适应。

何宏灵、凤欣玲（2010）等学者研究了学龄前（3～7岁）儿童社会适应能力的影响因素，结果发现：女童社会适应能力好于男童；入托年龄越早社会适应能力越强；单亲家庭儿童社会适应能力低于其他类型家庭儿童；父亲职业与儿童社会适应能力密切相关；儿童适应能力随着父母关系的融洽程度、照顾人文化程度的提高而提高；父母采取耐心劝说管教方式的儿童社会适应能力好于其他方式；儿童适应能力与每日书本学习时间呈负相关；容易型气质类型儿童社会适应能力明显高于麻烦型儿童；学龄前儿童社会适应能力随着年龄的增大而降低。

（二）患病群体的心理社会适应量表应用

Su—Mi Oh（2019）等学者探讨青少年癌症幸存者的社会适应，并确定社会适应的影响因素。他们提出了青少年癌症幸存者的社会适应的概念定义，并发现身体机能、抑郁、自尊以及积极主动的应对策略与社会适应密切相关；同时发现青少年癌症幸存者社会适应的4个特质，即与朋友关系融洽、与男女朋友关系融洽、履行现有角色、对未来角色的规划与期待。

Chan和Hoag（2018）等学者探讨了青少年癌症患者在结束积极治疗的过渡时期的心理社会功能，发现大多数青少年癌症患者在结束治疗后都能很好地适应社会，尽管有一小部分患者比起其他患者有着更高水平的担忧。

（三）其他的社会适应量表应用

Sadewo、Kashima、Gallagher（2020）等使用了随机行为者导向模型研究留学生社交网络和跨文化社会适应情况。研究结果表明，学生倾向于和与自己心理适应水平相似以及与自己社会文化适应水平不同的同学做朋友，这意味着适应是友谊形成的决定因素之一，而在大多数跨文化适应研究中，友谊往往被视为有助于决定心理和社会文化适应的驱动力。此外，社会选择而非社会影响是涉及高等教育国际学生之间友谊的主要网络过程。

四、不足与展望

总的来说，社会适应量表是一类量表，其共同点是以个体或群体的社会适应为主要测量内容。不同的群体有不同的量表作为测量工具，这也体现了不同群体社会适应方面、内容具有较大差别的实质。社会适应研究是一个极具重要理论和现实意义的课题，也是目前心理健康研究中的一个活跃领域，促进儿童和青少年适应能力发展有助于其心理发展和素质提升。加强对社会适应的理论研究，夯实适应行为理论基础，也是今后我国在编制与修订社会适应量表中不可忽视的任务。

国内外针对不同群体的社会适应量表编制和修订在不断进行，并且群体划分越来越细致，针对性有加强趋势，如从青少年社会适应问卷到青少年 HIV 患者社会适应问卷、高职青少年社会适应问卷等，形成了国内社会适应问卷编制和发布数量不断增长的现状。这些开发时间较短的问卷还需要更多的实践验证其有效性和可信度，从而去粗取精、大浪淘沙，让真正有价值的优秀问卷得到更广泛应用。

参考文献

第一章

第一节

戴海琦，张峰，陈雪枫. 心理与教育测量 ［M］. 广州：暨南大学出版社，2011.

林崇德，白学军，李庆安. 关于智力研究的新进展 ［J］. 北京师范大学学报（社会科学版），2004（1）：25—32.

吴天敏. 中国比奈测验指导书 ［M］. 北京：北京大学出版社，1982.

张厚粲. 韦氏儿童智力量表第四版（WISC－IV）中文版的修订 ［J］. 心理科学，2008，32（5）：1177—1179.

温暖，金瑜. 斯坦福—比奈智力量表第四版的特色研究 ［J］. 心理科学，2007（4）：944—947.

温暖. 斯坦福—比奈智力量表第四版的试用研究 ［D］. 上海：华东师范大学，2005.

石德澄，杨孟萍. 斯坦福—比奈智力量表第四版简介 ［J］. 心理科学，1992（2）：61—63.

Binet A，Simo T. The Development of Intelligence in the Child ［M］. New York：Aron Press，1916.

第二节

曹洪健，周楠. 韦氏儿童智力量表与特殊儿童测查：挑战、改革与发展 ［J］. 中国特殊教育，2011，132（6）：17—23.

黄洁华，陈小红，莫雷. 智力及其测量研究的新进展 ［J］. 心理科学，2000（2）：189—191，254.

王健，邹义壮，崔界峰，等. 韦氏成人智力量表第四版中文版的信度和结构效度 ［J］. 中国心理卫生杂志，2013，27（9）：692—697.

王健，邹义壮，崔界峰，等. 韦克斯勒记忆量表第四版中文版（成人版）的修订 [J]. 中国心理卫生杂志，2015 (1)：53－59.

臧玲，张微，刘华山. 韦氏儿童智力量表第四版对学习障碍评估和干预的价值 [J]. 中国特殊教育，2012，145 (7)：67－73.

Wechsler D. Wechsler－bellevue Intelligence Scale [M]. New York：Psychological Corporation，1939.

Wechsler D. Cognitive, conative, and non-intellective intelligence [J]. American Psychologist，1950，5 (3)：78－83.

Wechsler D. Wechsler Intelligence Scale for Children－revised Editions [M]. New York：Psychological Corporation，1974.

Wechsler D. Wechsler Adult Intelligence Scale－revised [M]. New York：Psychological Corporation，1981.

Wechsler D. Wechsler Preschool and Primary Scale of Intelligence [M]. 4th ed. San Antonio：The Psychological Corporation，2012.

Wechsler D. Technical and Interpretive Manual Supplement：Special Group Validity Studies with Other Measures and Additional Tables [M]. San Antonio：NCS Pearson，2014.

第二章

第一节

李同归，加藤和生. 成人依恋的测量：亲密关系经历量表（ECR）中文版 [J]. 心理学报，2006，38 (3)：399－406.

刘明月，郭兰. 成人依恋及其研究进展 [J]. 湖北师范学院学报（哲学社会科学版），2009，29 (4)：122－124.

张鹏，张艺缤，韩瑞雪，等. 亲密关系经历量表在我国青少年中的信、效度检验 [J]. 中国临床心理学杂志，2017，25 (5)：873－876.

Brennan K A, Clark C L, Shaver P R. Self-report measurement of adultattachment：An integrative overview [C] //Simpson J A, Rholes W S. Attachment Theory and Close Relationships. New York：The Guilford Press，1998：46－76.

Bowlby J. Attachment and Loss：Vol. 2. Separation：Anxiety and Anger [M]. New York：Basic Books，1973.

Bowlby J. Attachment and Loss：Vol. 3. Loss：Sadness and

Depression［M］. New York：Basic Books，1980.

Bowlby J. Attachment and Loss：Vol. 1. Attachment［M］. New York：Basic Books，1982.

Bowlby J，Robertson J，Rosenbluth D. A two-year-old goes to hospital［J］. Psychoanalytic Study of the Child，1952（7）：82－94.

Hazan C，Shaver P R. Romantic love conceptualized as an attachment process［J］. Journal of Personality and Social Psychology，1987（59）：511－524.

第二节

戴海琦，张锋，陈雪树. 心理与教育测量［M］. 广州：暨南大学出版社，2006.

何剑骅. 迷你国际人格五因素量表（Mini－IPIP）的修订［J］. 池州学院学报，2015，29（6）：93－95.

彭聃龄. 普通心理学［M］. 北京：北京师范大学出版社，2007.

王登峰，崔红. 中国人人格量表（QZPS）的编制过程与初步结果［J］. 心理学报，2003，35（1）：127－136.

Corr P J，Matthews G. The Cambridge Handbook of Personality Psychology［M］. Cambridge：Cambridge University Press，2009.

Costa P T，McCrae R R. Revised NEO Personality Inventory and NEO Five－factor Inventory Professional Manual［M］. Odessa：Psychological Assessment Resources，1992.

Donnellan M B，Oswald F L，Baird B M，et al. The mini－IPIP scales：Tiny-yet-effective measures of the Big Five factors of personality［J］. Psychological Assessment，2006，18（2）：192－203.

Golderberg L R. An alternative "descriptive of Personality"：The big Five structure［J］. Journal of Personality and Social Psychology，1990（59）：1216－1229.

Goldberg L R. A broad－bandwidth，public domain，personality inventory measuring the lower－level facets of several five－factor models［J］. Personality Psychology in Europe，1999，7（1）：7－28.

第三节：

曹晓平，任百利，赵泉英，等. 卡氏16PF中译本常模20余年的变化趋向［J］. 心理科学，1994（3）：184－186.

程嘉锡，陈国鹏. 16PF 第五版在中国应用的信度与效度研究 [J]. 中国临床心理学杂志，2006，14（1）：13－16.

戴忠恒，祝蓓里. 卡特尔 16 种人格因素问卷（16PF）[M]. 上海：华东师范大学出版社，1988.

黄希庭. 人格心理学 [M]. 杭州：浙江教育出版社，2002.

林崇德. 心理学大辞典（上卷）[M]. 上海：上海教育出版社，2003.

杨永明. 人格心理学概论 [M]. 西安：西北大学出版社，2000.

Cattell R B. The Description and Measurement of Personality [M]. New York：Harcourt，Brace&World，1946.

Cattell R B，Eber H W，Tatsuoka M M. Handbook for the Sixteen Personality Factor Questionnaire（16 PF）：In Clinical，Educational，Industrial，and Research Psychology，for Use with All Forms of the Test [M]. Champaign：Institute for Personality and Ability Testing，1970.

Raymond B，Cattell S E. The number of factors in the 16PF：A review of the evidence with special emphasis on methodological problems [J]. Educational and Psychological Measurement，1986，46（3）：509－522.

第三章

第一节

Myers K，Winters N C. Ten－year review of rating scales. I：Overview of scale functioning，psychometric properties，and selection [J]. Journal of the American Academy of Child & Adolescent Psychiatry，2002，41（2）：114－122.

Derogatis L R. Brief Symptom Inventory－18（BSI－18）：Administration，Scoring，and Procedures Manual [M]. Minneapolis：National Computer Systems，2000.

Derogatis L R，Lipman R S，Covi L. SCL－90：An Outpatient Psychiatric Rating Scale－preliminary Report [J]. Psychopharmocology Bulletin，1973，9（1）：13－28.

Derogatis L R，Melisaratos N. The brief symptom inventory：An introductory report [J]. Psychological Medicine，1983（13）：595－605.

Derogatis L R，Unger R. Symptom checklist－90－revised [J]. The Corsini Encyclopedia of Psychology，2010（3）：1－2.

边俊士，井西学，庄娜. 症状自评量表（SCL－90）在心理健康研究中应用的争议［J］. 中国健康心理学杂志，2008（2）：231－233.

金华，吴明源，张文园. 中国正常人 SCL－90 评定结果的初步分析［J］. 中国神经精神疾病杂志，1986（5）：260－263.

刘媛媛，武圣君，李永奇，等. 基于 SCL－90 的中国人群心理症状现况调查［J］. 中国心理卫生杂志，2018，32（5）：437－441.

童辉杰. SCL－90 量表及其常模 20 年变迁之研究［J］. 心理科学，2010（4）：928－930.

第二节

Eid M，Geiser C，Koch T，et al. Anomalous results in G－factor models：Explanations and alternatives［J］. Psychol Methods，2017，22（3）：541－562.

McElroy E，Casey P，Adamson G，et al. A comprehensive analysis of the factor structure of the Beck Depression Inventory－Ⅱ in a sample of outpatients with adjustment disorder and depressive episode［J］. Ir J. Psychol Med，2017（35）：1－9.

Beck A T. Depression：Clinical，Experimental，and Theoretical Aspects［M］. Philadelphia：University of Pennsylvania Press，1967.

Beck A T. Cognitive Therapy and the Emotional Disorders［M］. New York：International Universities Press，1976.

Beck A T. Cognitive therapy of depression：New perspectives［J］. In Treatment of Depression：Old Controversies and New Approaches，1983（7）：265－290.

Beck A T，Rush A J，Shaw B. F，et al. Cognitive Therapy of Depression［M］. London：John Wiley and Sons，1980.

Beck A T，Steer R A，Brown G K. Manual for Beck Depression Inventory－Ⅱ［M］. San Antonio：Psychological Corporation，1996.

付建斌，李艳梅. Beck 抑郁量表构想效度的验证性因素分析［J］. 心理学动态，1997（1）：58－60.

蒋水琳，杨文辉. 贝克抑郁量表第 2 版中文版在我国大学生中的因子结构［J］. 中国临床心理学杂志，2020，28（2）：299－305.

王振，苑成梅，黄佳，等. 贝克抑郁量表第 2 版中文版在抑郁症患者中的信效度［J］. 中国心理卫生杂志，2011，25（6）：476－480.

第三节

Andrews G，Slade T. Interpreting scores on the Kessler psychological distress scale（K10）［J］. Australian and New Zealand Journal of Public Health，2001，25（6）：494－497.

Furukawa T A，Kessler R C，Slade T，et al. The performance of the K6 and K10 screening scales for psychological distress in the Australian National Survey of Mental Health and Well－Being［J］. Psychological Medicine，2003，33（2）：357－362.

Hambleton R K，Swaminathan H，Rogers H J. Fundamentals of Item Response Theory［M］. London：Sage，1991.

Kessler R C，Andrews G，Colpe L J，et al. Short screening scales to monitor population prevalences and trends in non-specific psychological distress［J］. Psychological Medicine，2002，32（6）：959－976.

陈雪红，陈春雨，陈晓霞，等. 新型冠状病毒肺炎疫情期间肿瘤患者心理困扰及影响因素［J］. 中国健康心理学杂志，2021，29（1）：105－111.

徐凌忠，王建新，孙辉，等. Kessler 10 在我国的首次应用研究及其重要意义［J］. 卫生软科学，2005（6）：410－412，421.

徐凌忠，周成超，王建新，等. 威海市居民心理健康状况及其影响因素［J］. 中国心理卫生，2006（6）：394－397.

周成超，楚洁，王婷，等. 简易心理状况评定量表 Kessler10 中文版的信度和效度评价［J］. 中国临床心理学，2008，16（6）：627－629.

第四节

American Psychiatric Association. Diagnostic and Statistical Manual of Mental Disorders［M］. 5th ed. Washington D. C.：APA，2013.

Beard K W. Internet addiction：A review of current assessment techniques and potential assessment questions［J］. Cyberpsychology & Behavior：The Impact of the Internet，Multimedia and Virtual Reality on Behavior and Society，2005，8（1）：7－14.

Davis R A. A cognitive－behavioral model of pathological Internet use［J］. Computers in Human Behavior，2001，17（2）：187－195.

Fumero A，Marrero R J，Voltes D. Personal and social factors involved in Internet addiction among adolescents：A meta－analysis［J］. Computers in Human Behavior，2018（86）：387－400.

Grohol J M. The insider's guide to mental health resources online [J]. Cyberpsy，Behavior，and Soc. Networking，1999，2（2）：13−14.

Young K S. Internet addiction：Symptoms，evaluation，and treatment [J]. Cyberpsychology and Behavior，1996（1）：237−244.

Young K S. Psychology of computer use：XL. addictive use of the Internet：a case that breaks the stereotype [J]. Psychological Reports，1996，79（3）：899−902.

雷雳，杨洋. 青少年病理性互联网使用量表的编制与验证 [J]. 心理学报，2007（4）：688−696.

刘炳伦，郝伟，杨德森，等. 网络依赖诊断量表初步编制 [J]. 中国临床心理学，2006（3）：227−229.

钱铭怡，章晓云，黄峥，等. 大学生网络关系依赖倾向量表（IRDI）的初步编制 [J]. 北京大学学报（自然科学版），2006（6）：802−807.

陶然，黄秀琴，王吉囡，等. 网络使用成瘾临床诊断标准的制定 [J]. 解放军医学，2008（10）：1188−1191.

第四章

第一节

Credé M，Niehorster S. Adjustment to college as measured by the student adaptation to college questionnaire：A quantitative review of its structure and relationships with correlates and consequences [J]. Educational Psychology Review，2012（24）：133−165.

Samson G. A Technical Rport [M]. Washington D. C.：University of Washington，1981.

Zimet G D，Dahlem N W，Zimet S G，et al. The multidimensional scale of perceived social support [J]. Journal of Personality Assessment，1988（52）：30−41.

Zimet G D，Powell S S，Farley G K，et al. Psychometric characteristics of the multidimensional scale of perceived social support [J]. J. Pers. Assess，1990（55）：610−617.

马伟娜，林飞. 大学生社会支持、自我效能与心理健康的关系 [J]. 中国临床心理学，2006（14）：641−643.

肖水源.《社会支持评定量表》的理论基础与研究应用 [J]. 临床精神医

学，1994（4）：98-100.

辛自强，池丽萍，耿柳娜，等. 青少年社会支持评价量表的修订与应用
[J]. 中国心理卫生，2007（21）：379-381，385.

叶悦妹，戴晓阳. 大学生社会支持评定量表的编制 [J]. 中国临床心理
学，2008（16）：456-458.

第二节

Baker R W，Siryk B. Student adaptation to college questionnaire
(SACQ) [J]. Western Psychological Services，1984.

Baker R W，Siryk B. SACQ：Student adaptation to college questionnaire
manual [J]. Western Psychological Services，1999.

Biesecker B B，Erby L H，Woolford S，et al. Development and
validation of the Psychological Adaptation Scale（PAS）：Use in six studies of
adaptation to a health condition or risk [J]. Patient Education and
Counseling，2013，93（2）：248-254.

Bosc M，Dubini A，Polin V. Development and validation of a social
functioning scale，the Social Adaptation Self-evaluation Scale [J]. European
Neuropsychopharmacology，1997，7（1）：57-70.

陈会昌，胆增寿，陈建绩. 青少年心理适应性量表（APAS）的编制及其
初步常模 [J]. 心理发展与教育，1995，11（3）：28-32.

程然，王爱平. 乳腺癌患者心理社会适应问卷的研制及心理社会适应与生
活质量的相关性研究 [D]. 沈阳：中国医科大学，2010.

方晓义，沃建中，蔺秀云.《中国大学生适应量表》的编制 [J]. 心理与
行为研究，2005（2）：95-101.

卢谢峰. 大学生适应性量表的编制与标准化 [D]. 武汉：华中师范大
学，2003.

欧阳娟. 大学新生适应性量表（SACQ）的修订与应用研究 [D]. 长沙：
湖南师范大学，2012.

唐心悦，莫霖，余璐，等. 白血病儿童社会适应评定量表的编制 [J]. 中
国心理卫生，2020，36（7）：582-590.

朱韶篆. 大学生适应性量表（CAS）的修订及应用研究 [D]. 重庆：西
南大学，2006.